技术创新与专利

企业科技人员读本

北京市科学技术协会　编

科学普及出版社

·北　京·

图书在版编目（CIP）数据

技术创新与专利：企业科技人员读本 / 北京市科学技术协会编. —北京：科学普及出版社，2014.6

ISBN 978-7-110-08613-1

Ⅰ. ①技… Ⅱ. ①北… Ⅲ. ①企业管理—技术革新—研究②企业管理—专利—基本知识 Ⅳ. ①F273.1②G306

中国版本图书馆CIP数据核字（2014）第083956号

策划编辑	郑洪炜
责任编辑	郑洪炜　李　洁
封面设计	逸水翔天
责任校对	孟华英
责任印制	张建农

出版发行	科学普及出版社
地　　址	北京市海淀区中关村南大街16号
邮　　编	100081
发行电话	010-62173865
传　　真	010-62179148
投稿电话	010-62103352
网　　址	http://www.cspbooks.com.cn

开　　本	787mm×1092mm　1/16
字　　数	260千字
插　　页	2
印　　张	15
印　　数	1—10000册
版　　次	2014年8月第1版
印　　次	2014年8月第1次印刷
印　　刷	北京金信诺印刷有限公司
书　　号	ISBN 978-7-110-08613-1/F·257
定　　价	30.00元

编委会

前 言

2013年年初，国务院正式批准印发《"十二五"国家自主创新能力建设规划》（以下简称《规划》），这是我国历史上第一个系统部署加强自主创新能力建设的规划和指导性文件。《规划》指出："十二五"是我国建设创新型国家的关键时期，全面建成小康社会、加快转变经济发展方式对自主创新能力建设提出了更高、更紧迫的要求。

自主创新，既指一种国家战略和发展道路，也指一种科技创新方式。在后一种意义上，主要指从全面提升国家创新能力出发，加强原始性创新、集成创新和引进技术的消化吸收再创新。技术创新是进行发明创造并由此推进人类文明进步的不竭源泉，与技术创新相伴相随的专利，也随之成为国家发展的战略性资源和提升国际竞争力的核心要素。可以说，在现代创新机制运行和创新活动中，技术创新与专利是相互依存、相互支撑的关系。

增强自主创新能力，除了需要在创新观念、创新机制、创新人才、创新环境等方面创造有利条件外，最主要的是要掌握有效的创新方法。"工欲善其事,必先利其器"，只有掌握了先进的创新方法，才能提高创新的效率。TRIZ——发明问题解决理论来源于苏联的"神奇点金术"，是一种能够提高创新效率的创新方法学。它利用创新的规律，使创新走出了盲目的、高成本的试错和灵光一现式的偶然。实践证明，运用TRIZ不仅可以大大地加快人们创造发明的进程，而且还能得到高质量的创新产品。"专利"（Patent）一词来源于拉丁语"Litterae Patentes"，意为"公开的信件"或"公共文献"，是中世纪的君主用来颁布某种特权的证明，后指英国国王亲自签署的独占权利证书。专利是世界上最大的技术信息源，据实证统计分析，专利包含了世界科技技术信息的90%～95%。

为了在北京市的企业科技人员中进行创新方法的推广和应用，提高科技人员的创新能力和素质，切实贯彻落实《北京市科学技术协会事业发展"十二五"规划》提出的"集成首都科技资源，服务创新驱动发展"的目标，在北京市科学技术协会领导的倡导下，北京市科学技术进修学院策划和主持了《技术创新与专利——企业科技人员读本》的撰写和出版工作。

本书主要介绍技术创新方法——TRIZ的经典理论部分及专利的基本知识、专利的运用与保护、专利促进政策与专项工作等内容。编者尽量使用通俗易懂的语言和丰富的案例来介绍以上内容，案例涉及生活的各方面，便于读者理解和掌握书中的理论知识。

编者希望《技术创新与专利——企业科技人员读本》能够成为科技人员的科普读物和知识读本。也可以作为在各类创新方法与专利的培训中科技人员学习技术创新及专利的入门级自学读物或者入门级教材，以便科技人员在科技工作中提高创新素质和能力，更好地开展科技工作。

本书的撰写和出版工作在北京市科学技术协会的领导和北京市科学技术进修学院的组织下进行，由多位专家学者撰稿，虽经多次统稿，但难免会存在偏颇疏漏之处，希望广大读者能给予批评指正，共同推进北京市技术创新和专利技术建设的发展。

编委会

2014年3月

◐◐◐ **目 录**
CONTENTS

第二章　TRIZ简介　　29

第三章　TRIZ中的创新思维方法　　51

第五章　TRIZ的新发展　　　139

第六章　专利运用与保护　**161**

第七章　专利促进政策与专项工作　**207**

第一章

技术创新与专利综述

第一节　技术创新概述

一、技术创新综述

中文名称：技术创新

英文名称：Technical Innovation

定　　义：改进现有或创造新的产品、生产过程或服务方式的技术活动。重大的技术创新会导致社会经济系统的根本性转变。（以上内容由全国科学技术名词审定委员会审定公布）

在当今世界，"创新"是一个出现频率非常高的词，同时，它也是一个非常古老的词。Innovation（创新），这个词起源于拉丁语。它有三层含义：①更新。②创造新的东西。③改变。

创新作为经济学概念，是美籍奥地利经济学家熊彼特（J. A. Schumpeter）在他的《经济发展理论》（1912）一书中提出的。熊彼特认为，创新就是把生产要素和生产条件的新组合引入生产体系，即建立一种新的生产函数。他把创新活动归结为五种形式：

1）生产新产品或提供一种产品的新质量。

2）采用一种新的生产方法、新技术或新工艺。

3）开拓新市场。

4）获得一种原材料或半成品的新的供给来源。

5）实行新的企业组织方式或管理方法。

熊彼特之后，经济学家在发展创新理论的过程中把创新区分为技术创新和制度创新。

熊彼特的创新理论提出之初，受到同时期的"凯恩斯革命"理论的影响，并没有得到广泛的重视。直到20世纪50年代，随着科学技术迅速发展，技术变革对人类社会和经济发展产生了极大的影响，人们开始重新认识技术创新对经济发展和社会发展的巨大作用，并对技术创新的规律进行了研究。索罗（S.C.Solo）于1951年对技术创新理论重新进行了比较全面的研究。在《资本化过程中的创新：对熊彼特理论的评价》一文中，索罗指出：技术的变化，包括现有知识被投入实际应用所带来的具体的技术安排、技术组合方面的变化，可称为创新；创新发源于精神活动，如概念、构想及对尚未出现的新产品、新事物的发展计划等。索罗首次提出技术创新成立的两个条件，即新思想来源和以后阶段的实现发展。这一"两步论"被认为是技术创新概念界定研究上的一个里程碑。麦克劳林（Maclaurin）在技术创新概念的界定上做过比较接近的研究，他指出："当一项发明以新的或改进的产品或工艺的形式在市场上出现时，创新便完成了。"

20世纪60年代，技术创新引起了除经济学家之外的其他学者（社会学家、历史学家、企业家及政策研究人员等）的普遍关注。林恩（G.Lynn）首次从创新时序过程角度来定义技术创新，他认为技术创新是"始于对技术的商业潜力的认识而终于将其完全转化为商业化产品的整个行为过程"。美国国家科学基金会（National Science Fundation of U.S.A，NSF）的报告将创新定义为技术变革的集合，认为技术创新是一个复杂的活动过程，从新思想和新概念开始，通过不断解决各种问题，最终使一个有经济价值和社会价值的新项目得到实际的成功应用。

20世纪70年代，有关技术创新的研究进一步深入，开始形成系统的理论，并对企业经营活动和政府管理政策产生了直接的积极影响。格罗布（Globe）指出："技术创新是一个始于初始构想，终于首次商业价值的历史过程。"弗里曼（C.Freeman）是技术创新方面的著名学者，他对创新的研究有两个特点：一是作为一个经济学家，他更多地从经济角度来考察创新；二是他把创新对象基本上限定为规范化的重要创新。弗里曼在1973年发表的《工业创新中的成功与失败研究》中指出："区别创新和发明的含义至关重要，尽管创新是一种复杂的社会过程，但其中最为关键的步骤是新产品或新系统的首次商业应用。"厄特巴克（J.M.Utterback）认为：创新和发明（或技术原型）截然不同，创新指技术的首次应用。按照发生的先后次序，创新过程可分为三个阶段：①新构想的产生。②技术难点攻关或技术开发。③商业价值实现或扩散。新构想产生阶段是对现有各种信息的综合分析过程，这些信息包括市场或其他方面的需求信息及满足这些需求可能采用的技术方面的信息。技术难点攻关阶段包括确立特定的技术目标，设计解决问题的备选方案等。商业价值实现阶段包括设备安装、建立工厂、产品制造、市场启动等。创新扩散发生在外部环境之中，始于创新的首次引入之后。

二、我国技术创新的现状[①]

（一）我国企业尚未真正成为技术创新的主体

2011年，来自我国企业的R&D（Research and Development）经费支出占比达到75.73%，从数量上看企业已经是R&D经费投入的主体，企业执行的研发支出占比超过了美国、英国、德国和经济合作与发展组织（OECD）国家的平均水平，基本与日本（75%）和韩国（76%）持平。2011年，我国R&D人员全时当量在三大执行部门的分布情况是：企业超过3/4，研究机构和高等学校合计不足1/4。全国R&D人员的增长主要来自企业的贡献。2011年，全国R&D人员比2000年增加了196.08万人，仅企业就增加了170.83万人，占全部增量的87.16%。从R&D人力投入看，企业也已经成为我国R&D活动的数量主体。

尽管我国企业在数量结构中已经成为技术研发投入、执行的主体，但是高水平技术创新成果较少、企业高层次人才缺乏、基础研究缺位、应用研究严重不足等诸多指标，反映出企业创新能力的薄弱。

1. 我国高水平技术成果主要不是源于企业领衔的科技创新

2009—2012年，在国家科技进步奖中，企业作为获奖第一承担单位的科

---

① 未包含港澳台地区数据。

技项目所占比重约为30%，2012年达到33.33%，但与其占有75%的科技资源相比，企业领衔的高水平原创性科技成果明显偏低。特别值得注意的是，代表运用科学技术知识做出产品、工艺、材料及其系统等重大技术发明的最高奖项——国家技术发明奖中，企业专家作为第一获奖发明人所占比重更低，2011年和2012年分别仅为11.11%和9.76%。

对近年来科技奖励数据的分析表明，我国企业主要还是作为应用配角，停留在产业技术开发的低端，尚未成为领衔开展高水平重大技术创新的主体，说明我国的技术创新仍然处于大学、科研机构技术开发力量引领企业技术应用的科技成果转化模式阶段，与科技实力雄厚的企业引领创新方向的全产业链技术创新模式仍然存在很大差距。

2. 我国高层次研究开发人员在企业所占的比重小

2011年，全国规模以上工业企业研发机构人员中硕士以上学历人员占比仅为12.6%。规模以上工业企业尚且如此，一些集体、民营企业的情形更为窘迫。从R&D执行部门来看，企业具有硕士学位的人数占全国R&D人员中硕士学位总数的37.73%，博士人数仅占13.39%。美国在企业工作的博士学位获得者占全部博士的比例超过35%，对提升企业创新能力和核心竞争力的贡献不言而喻。因此，从研发人员的部门结构分布来看，我国企业相对于大学和科研机构，虽具有数量上的相对优势，但高层次科技创新人才明显缺乏。

3. 科技领军人才在企业所占的比重小

来自企业的院士所占比重体现了企业在国家高端工程科学技术方面的创新能力。研究显示，中国工程院院士中来自企业界的比重偏低，大部分院士集中在高校及科研机构。从"千人计划"入选者的分布情况来看，企业平台引进专家仅占11%，绝大部分就职于高校和科研院所平台，企业没有成为海外高层次人才回国开展技术创新的主要选择平台。

（二）结构性矛盾制约高层次创新创业人才流向企业

当前，我国技术创新的结构性矛盾比较突出，制约了企业成为高水平技术创新的主体，具体表现在以下几个方面。

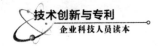
1. 政策导向不利于高层次创新人才选择企业就业

我国博士培养的目标偏重基础科研，高校博士生教育理论重于应用，与企业实际需求之间存在矛盾。在美国、英国、德国、法国等国家，专业学位研究生教育非常发达，美国有56种专业博士学位，英国硕士和博士层次也都按研究型和专业型两个导向来培养，近几年授予的课程型研究生专业学位数占授予研究生学位总数的比重平均约为75%，很多行业把专业学位看作是入职和个人发展的重要依据，尤其是在工商、工程等领域更为普遍。

目前，海外高层次创新人才回国大多就职于高校和科研院所等体制内机构，有政府的财政支撑，诸如子女就学、住房、医疗保障、人员编制等问题能在体制内得到解决。随着高校、科研院所科研经费投入的增长，海外高层次人才回国开展科研工作也能得到经费保障。但对于企业创业人才来说，诸如子女就学、住房等一些现实问题在很大程度上只能从社会上解决，而且企业在创业阶段对资金的需求很突出，国内创业环境还不完善，使得海外高层次人才在回国选择创业方面顾虑重重。

2. 高层次人才流动更多在公共学术机构之间进行

目前，我国博士毕业生的就业倾向中，希望从事学术工作者实现期望的比率最高，达到90%，而期望从事公司和政府管理工作、技术开发工作的博士毕业生中有37%转行从事学术工作。这与美国的情形不同，美国从高等教育机构和政府部门流向企业的博士比重分别达到16%和18%，而逆向流动仅为5%和4%，这表明美国的博士再就业中相当多的人选择向企业流动。

3. 研究平台的缺乏使高层次创新人才在企业无用武之地

2005—2010年，我国大中型工业企业的平均R&D支出强度从0.76%提高到0.93%，但还是不及发达国家的1/4。长期以来，我国工业企业R&D一直以试验发展为主，在应用研究上投入不多，基础研究更少。虽然发达国家企业的研发活动也以试验发展为主，但是他们在基础研究和应用研究上的投入也占有相当大的比重。在R&D经费中，发达国家的基础研究经费一般占4%～8%，应用研究经费比重一般超过20%，最高的接近50%。基础研究特别是应用研究在我国企业R&D 活动中的比例过低，凸显了我国企业R&D活动结构的缺陷，制约了我国企业高水平研究开发能力的提升，导致我国企业技术积累、知识创造与应用能力严重不足。

国外大企业非常重视技术研发，大多设有科学研究机构和实验室。美国的基础研究体系形成了研究型大学、国立研究院所和大型企业"三驾马车"的格局。我国建在企业的研发机构总量少、比例低。据统计，2011年，我国规模以上工业企业中有研发机构的企业和有R&D活动的企业所占比例分别为7.81%和11.50%。国家重点实验室等一些重要研究平台主要集中于高校和科研院所，企业国家重点实验室的数量远远少于高校和科研院所。

三、常用的创造技法

随着对创造过程和创造方法的不断研究，人们产生了一种设想，是否能把那些创造过程中令人感到神秘、原为个人所特有的想法，变成对每个人都适用的东西。于是，就产生了"专门研究产生创新构思的方法技巧"的创造技法。

所谓创造技法，就是创造学家根据创造性思维发展规律总结出的创造发明的原理、技巧和方法。在创造实践中总结出的这些创造技法还可以在其他创造过程中加以借鉴使用，能提高人们的创造力和创造成果的实现率。

自20世纪初开始发明创造技法研究以来，国外已有300多种方法问世，我国也研究成功了几十种方法，但是其中最常用的有十多种。对于一个科技工作者或是经营管理者，充分发挥创造性思维，掌握和熟练地运用创造技法是很重要的。它不仅能使人们提高工作效率，而且能开拓工作，不断创新。

（一）试错法

随机查找解决方案的方法，也就是我们常说的试错法。

自古以来，人们一直用这种方法来解决问题。过程是这样的，尝试使用一种方法去解决这个问题，如果解决不了，就会进行第二次尝试，然后是第三次……直到进行了 n 次尝试后终于得出了解决方案。而很多情况下，可能尝试了很多次，但最终也没有任何结果。大多数尝试通常都遵循着解决者所熟悉的同一方向或同一领域。如机械行业的专家，首先会尝试采用各类机械装置来解决问题。

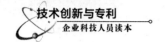

发明问题与一般性问题不同，其解决方案应当沿着非常规的方向去查找。当人们用尽了常规办法还是不能解决问题之后，就会努力去猜想正确的解决方案。这样做使解决过程更加的无序。这种无序的查找偶尔也会使人们偶然找到方案，解决问题，但达到这种结果的概率非常低。如果发明问题的定义不清晰，情况会变得更糟。

试错法仅仅对第一级和第二级简单的发明问题有效，即可能的解决方案数目不超过100个，在这些方案中寻找合适的解决方案成功率还比较高。对于第三级发明问题，由于可能会有上千个解决方案，但其中很多都是无效的解决方案，所以试错法的成功率在解决第三级发明问题的时候已几乎降至零。

（二）头脑风暴法

还有一些人在解决问题的时候，常用的方法是头脑风暴法。这种方法与试错法的区别在于：先产生很多不同的候选方案，然后再一起分析这些候选方案，而不是像试错法那样，产生方案和进行尝试是交替进行的。

在头脑风暴法的实施过程中，由几个喜欢表达新思想的人员组成小组，共同讨论某个发明问题。为了最大限度地使方案查找趋于无序化，鼓励产生一些最意想不到的、幻想式的或滑稽的想法，在进行头脑风暴的过程中禁止对所发表的任何意见进行批评。当所有的想法都产生后，再对这些想法进行综合分析，并从中选出可能的方案。

头脑风暴法似乎非常有效，掌握该方法也相当容易。实际上，头脑风暴法对于解决第一级和第二级发明问题是有效的，但对于更加复杂的发明问题，采用这种方法不可能猜想出解决方案，头脑风暴法的问题在于它缺少揭示技术矛盾的办法和步骤。

（三）综摄法

将头脑风暴法进一步发展，就产生了综摄法。

综摄法的基本思想是：以不寻常的观点看待研究的对象，即将熟悉的事物当作不熟悉的事物看待。为了消除心理惯性，综摄法采用了基于不同类比形式的方法。直接类比靠的是在其他领域中的知识或自然界里查找类似的事物。

例如，现代舰船在船首设置了一个减小流体水阻力的球体。这一方案借鉴了海豚和鲸的身体结构。

而拟物类比基于这样一个思想，即把人自身想象为存在问题的技术系统的一部分。

例如，人可以把自己想象成电路断流器或者是发动机的活塞。

但在实际中很难采用拟物类比法。采用象征类比可以使问题形象化，从而简化了解决方案。幻想类比法假定发明问题已借助魔法被某种幻想式的方法解决，但是，幻想类比法只会起到削弱思维惯性的作用。

综摄法适用于解决相对简单的发明问题。与头脑风暴法相同，综摄法也是不具有揭示技术矛盾的办法。

（四）聚焦对象法

聚焦对象法类似于综摄法。聚焦对象法认为，其他对象的特性可被转移到待改进的技术系统中，于是就产生了有趣的特性组合。例如，有的手机做成香蕉的形状。这种方法对于改进产品设计和提出广告创意十分有效。

（五）形态分析法

由于上述各种方法都归属于心理学的方法，无法有效地解决十分复杂的发明问题，因此，提出了基于系统化查找可能解决方案的方法。形态分析法即为最常用的方法之一。

为需要改进的技术系统的各个参数和组件编制清单。对于系统的每一个参数或组件，列出所有可以改善系统参数或系统组件的可能方法。然后对各参数进行组合，检查所有的解决方案并进行分析和评价。在分析的过程中会应用被称为形态盒的多维矩阵，此多维矩阵有助于形态分析法的使用。通过各参数组合进行查找的工作，既可以是综合性的，也可以是选择性的。形态分析法的主要缺点是使用不便。对于完整的形态分析而言，如果系统由10个部件组成，而每个部件又有10种不同的制造方法，那么，组合的数目就会达到10^{10}。计算机可以完成这样数量级的组合，而人则无法分析数量如此巨大的信息。如果采用选择性形态分析，就可直接忽略掉那些不适当的组合。

第二节 专利概述

一、专利基本概念

专利（patent）一词来源于拉丁语"litterae patentes"，意为"公开的信件"或"公共文献"，是中世纪的君主用来颁布某种特权的证明，后指英国国王亲自签署的独占权利证书。这种证书是没有封口的，任何人都可以打开观看，因此，专利同时具备了"垄断"和"公开"两个基本特征。

在我国，专利一般有三种含义：

1）专利权的简称。专利权即国家依法授予发明创造者或者其权利的继受者在一定时间内独占使用其发明创造的权利。在这里，专利代表一种专有权。

2）指发明创造本身。专利是受到法律保护的发明创造，在我国有发明、实用新型和外观设计三种专利。如，发明指对产品、方法或者其改进所提出的新的技术方案，在这里，专利指具体的技术方案。

3）指国家专利行政机关所颁发的用于确认申请人对其发明创造享有专利权的专利证书或者记载发明创造内容的专利文献。

二、专利特性与功能

（一）专利特性

专利权（专利）具有专有性、地域性和时间性三种主要属性。

1．专有性

专有性又称独占性或排他性，指专利权人对其发明创造依法所享有的独占性权利，即任何人未经专利权人许可不得以生产经营为目的制造、使用、许诺销售、销售、进口其专利产品，或者使用其专利方法以及使用、许诺销售、销售、进口依照该专利方法直接获得的产品。

2．地域性

地域性指一个国家依照其本国专利法授予的专利权，仅在该国法律管辖的范围内有效，对其他国家没有任何法律约束力，外国对其专利权不承担法律保护的义务。也就是说，如果一项发明创造只在中国获得专利权，那么专利权人仅在中国享有独占的专有权，在其他国家则没有任何权利。在中国以外的其他国家，任何人都可无偿使用其专利技术。

3．时间性

时间性指专利权人对其发明创造依法所获得的专利权只在法律规定的时间内有效。期限届满后，专利权人将不再享有专有权，该项专利技术就成为社会的公共财产，任何人都可以无偿使用。我国专利法规定发明专利的保护期限是自申请之日起20年，实用新型专利、外观设计专利的保护期限均为10年。

（二）专利功能

专利制度主要具有两项基本功能。

1．权利保护功能

专利制度通过赋予专利权人短期的独占权以获得垄断利润，从而保障发明创造所带来的收益回报。保护专利权人的合法权益是专利制度最基本的功能。

2．信息公开功能

作为获得短期垄断并因此受益的条件，专利权人在获得专利的同时必须公开其技术方案等相关技术信息。

总体来说，专利制度是一种平衡的制度设计，是管理社会创新的重要手段。一方面，"垄断权"机制作为对发明创造的一种奖励，能有效地激励发明人去创新，并能提高创新成果的传播；另一方面，垄断权的存在可能部分阻挡了其他发明人对于某项技术的投资开发。技术及相关信息的公开，增加了某一领域中的通用知识储备，使其他研究者获得有关发明的新观点和对后续创新的重要启示，促进研发活动更加理性，进而最终提高整个社会的发明效率。

三、专利制度及发展

（一）早期专利制度

1623年，英国国会通过了《垄断法规》，该法规被认为是世界上第一部现代意义的专利法，标志着现代专利制度的开端。

1790年，美国根据宪法制定颁布了第一部《专利法》。该法规于1973年修订，并采用审查制原则，标志着专利制度的现代化，而这一原则也陆续被许多国家采用。

1791年，法国根据天赋人权的理念颁布《专利法》，实行不审查制度。该法也被认为形成了一个与英美专利法律体系相独立的体系。

进入19世纪后，荷兰、德国、日本等多国纷纷通过颁布专利法令建立起本国的专利制度。

从19世纪中后期开始，知识产权领域签订的双边和多边条约也逐步增多，特别是1883年，以法国为首的十多个国家在巴黎外交会议上签订了《保护工业产权巴黎公约》，成立国际保护工业产权巴黎联盟，从此开创了专利法国际合作的先河，成为具有里程碑意义的事件。

（二）当代专利制度的发展

第二次世界大战后，专利制度进入了一个新的历史时期。一方面，很多发达国家对原来的专利法进行了重大修改；另一方面，第二次世界大战后取得独立的许多发展中国家也纷纷建立起专利制度，极大地推动了专利制度在世界范围内的普及。

随着《世界知识产权组织公约》《专利合作条约》和《欧洲专利公约》等

公约的签订，专利制度的国际化程度显著提高，专利制度自身也更加趋于完善。

（三）我国专利制度的发展

我国专利制度经历了比较曲折的发展历程。1950年8月，我国颁布《保障发明权与专利权暂行条例》，1954年颁布了《有关生产的发明、技术改进及专利权暂行条例》。1963年，国务院废除了以上条例，并颁布了《发明奖励条例》和《技术改进奖励条例》。

改革开放后，我国于1984年3月12日在第六届全国人民代表大会常务委员会第四次会议上通过《中华人民共和国专利法》，并于1985年4月1日正式实施，此后分别于1992年、2000年和2008年进行了三次修订。目前我国的专利法是从2009年10月1日开始实施的，与之相配套的《专利法实施细则》于2010年2月1日开始施行。2013年9月16日，国家知识产权局公布关于修改《专利审查指南》的决定，最新版《专利审查指南》已于2013年10月15日开始施行。

四、专利种类

专利的种类在不同国家有不同规定，如在美国、英国等国家，专利只分为发明专利和外观设计专利，而在日本、德国等国家，专利则分为发明专利、实用新型专利和外观设计专利。

我国专利法将专利分为发明专利、实用新型专利和外观设计专利，并作了十分明确的定义。

发明指对产品、方法或者其改进所提出的新的技术方案。发明包括产品发明和方法发明。产品发明包括一切有形物体的发明，如机器、设备或化学组合物、化合物、材料等；方法发明包括产品的制备、加工、测定、处理及产品的应用方法等。

实用新型指对产品的形状、构造或者其结合所提出的适于实用的新的技术方案。

外观设计指对产品的形状、图案或者其结合及色彩与形状、图案相结合所作出的富有美感并适于工业应用的新设计。

其中，发明和实用新型定义中所提到的技术方案，则指对要解决的技术问

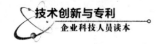
题所采取的利用自然规律的技术手段的集合。

通过比较我国对于三种专利的定义可以发现以下几点：

1）与发明相比，实用新型只限于具有一定形状的产品，不能是一种方法，也不可以是没有固定形状的产品。

2）外观设计与发明、实用新型存在明显区别。外观设计注重设计人对于一项产品的外观所作出的富于艺术性、具有美感的创造，但这种具有艺术性的创造不是单纯的工艺品，它必须具有能够为产业上所应用的实用性，即可以投入批量化生产。因此在实质上，外观设计保护的是美术思想，而发明和实用新型保护的是技术思想。

3）虽然外观设计和实用新型都与产品的形状有关，但二者的目的却不同。前者在于使产品形状产生美感，后者则在于使具有形态的产品能够解决某一技术问题，如一把扇子，如果它的形状、图案、色彩很美观，则应申请外观设计专利；若扇子本身的结构设计精简合理，可节省材料又有耐用的功能，那么应该申请实用新型专利。

五、专利授权条件

为获得专利权，专利申请需要满足我国专利法所规定的形式、程序和实质性条件。

例如，在形式上，专利申请人在办理专利申请时所提交的专利申请文件和程序必须满足专利法的要求，才能通过专利申请的初步审查。同时，专利申请还应不违反相关法律法规的禁止性规定。

（一）发明和实用新型专利的实质性授权条件

授予专利权的发明和实用新型应当具备新颖性、创造性和实用性。

1. 新颖性

新颖性指该发明或实用新型不属于现有技术，也没有任何单位或者个人就同样的发明或者实用新型在申请日之前向国务院专利行政部门提出过申请，并且记载在申请日之后公布的专利申请文件或者公告的专利文件中。

新颖性要求中所说的"不属于现有技术",指所申请的发明和实用新型是前所未有的或者是新的,这就要求发明或者实用新型在申请日前均未在国内外出版物上公开发表或使用过,或以其他方式为公众所知,即所谓的"绝对新颖性"。

2. 创造性

创造性指与现有技术相比,该发明具有突出的实质性特点和显著的进步。

发明专利必须具有突出的实质性特点和显著的进步才符合创造性的条件。发明具有突出的实质性特点,指对所属领域的技术人员来说,发明相对于现有技术是非显而易见的。发明具有显著的进步,指发明与现有技术相比能产生有益的技术效果,如发明克服了现有技术中存在的缺点和不足,或为解决某一个技术问题提供了一种不同构思的技术方案,或代表了某种技术的发展趋势。

实用新型的创造性指与现有技术相比,该实用新型具有实质性特点和进步,其创造性的标准低于发明专利的创造性的标准。

实用新型和发明的创造性的判断标准有所不同:对于发明专利,不仅要考虑该发明专利所属的技术领域,还要考虑与其相近或者相关的技术领域;对于实用新型,一般着重考虑该实用新型专利的所属技术领域。

实践中,实用新型专利不进行实质审查。只有在授权后对实用新型提出无效宣告时,请求人提出了该实用新型不具有创造性,并结合有关的证据时,才对其创造性进行审查。

3. 实用性

实用性指发明或实用新型申请的主题必须能够在产业上制造或者使用,并且能够产生积极效果。

在产业上能够制造或使用的技术方案,指符合自然规律的、具有技术特征的任何可实施的技术方案。如制造一种物品,一种驱雾方法,或将能量由一种形式转换成另一种形式的方法等。违反自然规律的发明或实用新型不符合实用性要求,如永动机。

能够产生积极效果,指发明或实用新型专利申请在提出申请之日,其产生的经济、技术和社会效果是所属技术领域的技术人员可以预料到的,且这些效

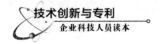
果应当是积极的和有益的。

（二）外观设计专利的授权条件

授予专利权的外观设计，应当不属于现有设计；也没有任何单位或者个人就同样的外观设计在申请日以前向国务院专利行政部门提出过申请，并记载在申请日以后公告的专利文件中。授予专利权的外观设计与现有设计或者现有设计特征的组合相比，应当具有明显区别。授予专利权的外观设计不得与他人在申请日以前已经取得的合法权利相冲突。

六、不能授予专利权的情形

并不是所有的发明创造都可以获得专利权。专利法规定，以下各项不授予专利权：

1）科学发现。

2）智力活动的规则和方法。

3）疾病的诊断和治疗方法。

4）动物和植物品种。

5）用原子核变换方法获得的物质。

6）对平面印刷品的图案、色彩或者二者的结合作出的主要起标志作用的设计。

此外，违反法律、社会公德或者妨害公共利益的发明创造（如专门用来赌博或者吸毒的产品、方法）和违反法律、行政法规的规定获取或者利用遗传资源并依赖该遗传资源完成的发明创造，同样不能授予专利权。

七、专利权人、发明人和职务发明

（一）专利权人及其权利

专利权人是对专利权所有人及持有人的统称。专利权人既可以是单位也可以是个人。只有专利权人才有占有、实施和处分其专利的权利。

我国专利法规定，专利权人享有下列权利：

1. 独占权

发明和实用新型专利权被授予后，除另有规定的，任何单位或者个人未经专利权人许可，都不得实施其专利，即不得以生产经营为目的制造、使用、许诺销售、销售、进口其专利产品，或者使用其专利方法及使用、许诺销售、销售、进口依照该专利方法直接获得的产品。

外观设计专利权被授予后，任何单位或者个人未经专利权人许可，都不得实施其专利，即不得以生产经营为目的制造、销售、进口其外观设计专利产品。

2. 许可实施权

许可实施权指专利权人有条件地允许他人使用其专利技术的权利。

3. 转让权

转让权指专利权人根据法律规定将专利权或专利申请权转让给其他人的权利。专利法规定，转让专利申请权或者专利权的，当事人应当订立书面合同，并在国务院专利行政部门登记，由国务院专利行政部门予以公告。专利申请权或者专利权的转让自登记之日起生效。

需要注意的是，中国单位或者个人向外国人、外国企业或者外国其他组织转让专利申请权或者专利权的，应当依照有关法律、行政法规的规定办理手续。

4. 标记权

标记权指专利权人在其专利产品或该产品的包装上标明专利标记和专利号的权利。

5. 放弃权

放弃权指专利权人认为自己不需要再继续维持其专利权时，通过书面形式声明放弃或不缴纳专利维持费（专利年费）的方式自动终止专利权的权利。

专利权被放弃后，专利技术即成为全社会共同财富，任何人均可无偿使用。

6. 诉请保护权

诉请保护权对于他人未经专利权人的许可，擅自利用专利技术而构成的侵权行为，专利权人及利益相关人请求专利管理机关进行处理或向人民法院起

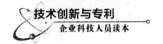
诉，要求他人停止侵权并赔偿经济损失的权利。

（二）发明人及其权利

发明人或设计人，是对发明创造的实质性特点作出创造性贡献的人。在完成发明创造过程中，只负责组织工作的人、为物质技术条件的利用提供方便的人或者从事其他辅助工作的人，不是发明人或者设计人。

我国专利法规定，发明人享有下列权利：

1. 署名权

署名权指发明人或者设计人在专利文件中写明自己是发明人或设计人的权利。

2. 获得奖励和报酬的权利

被授予专利权的单位应当对职务发明创造的发明人或者设计人给予奖励。发明创造专利实施后，根据其推广应用的范围和取得的经济效益，对发明人或者设计人给予合理的报酬。

具体来说，被授予专利权的单位未与发明人、设计人按照专利法及相关规定约定奖励方式和数额的，应当自专利权公告之日起3个月内发给发明人或者设计人奖金。一项发明专利的奖金最低不少于3000元；一项实用新型专利或者外观设计专利的奖金最低不少于1000元。由于发明人或者设计人的建议被其所属单位采纳而完成的发明创造，被授予专利权的单位应当从优发给奖金。

被授予专利权的单位未与发明人、设计人按照专利法及相关规定约定奖励方式和数额的，在专利权有效期限内，实施发明创造专利后，每年应当从实施该项发明或者实用新型专利的营业利润中提取不低于2%或者从实施该项外观设计专利的营业利润中提取不低于0.2%，作为报酬给予发明人或者设计人，或者参照上述比例，给予发明人或者设计人一次性报酬。被授予专利权的单位许可其他单位或者个人实施其专利的，应当从收取的使用费中提取不低于10%，作为报酬给予发明人或者设计人。

（三）职务发明创造

职务发明创造指执行本单位的任务或者主要是利用本单位的物质技术条件所完成的发明创造。

执行本单位的任务所完成的职务发明创造，有以下几方面：

1）在本职工作中作出的发明创造。本职工作指发明人或者设计人的职务范围，即具体的工作责任、工作职责的范围。

2）履行本单位交付的本职工作之外的任务所作出的发明创造。本职工作以外的任务，是单位根据工作的特殊需要要求工作人员承担的特定工作，如参加为特定目的设立的研究、设计小组等。

3）退休、调离原单位后或者劳动、人事关系终止后1年内作出的与其在原单位承担的本职工作或者原单位分配的任务有关的发明创造。

其中，"1年内"的起算日以正式办理完退休、调离或者终止劳动、人事关系手续之日为准。其次，此种发明创造"作出的"日期系发明创造的实际完成日，而非专利申请日，如果无证据证明的，可以以专利申请日推定为该发明创造的作出日期。所谓"有关的"发明创造，指在完成本职工作中作出的，或完成本单位交付的任务过程中作出的发明创造。

主要利用本单位的物质技术条件，指利用本单位的物质条件、费用较大或者该物质技术条件在发明创造完成过程中起了主要作用，如果缺少这种物质技术条件，该发明创造可能无法完成。其中，本单位的物质技术条件，指本单位的资金、设备、零部件、原材料或者不对外公开的技术资料等。

职务发明创造申请专利的权利属于该单位。申请被批准后，该单位为专利权人。职务发明创造，如单位与发明人或者设计人对申请专利的权利和专利权的归属作出约定的，从其约定。

第三节　技术创新与专利的关系

在新一轮高技术革命浪潮的推动下，全球经济竞争格局和产业布局态势正在发生深层次的结构性变化。经济全球化不断深入，知识经济递进式发展，国家综合竞争实力的增强越来越依靠创新驱动，尤其是关键领域的重大技术突破。在这一新的发展趋势下，以鼓励发明创造、提高创新能力、促进科技进步和经济社会发展为目的的专利制度，在推动企业创新和经济转型升级的进程中，正在发挥着无以替代的支撑和保障作用。

在现阶段及此前的一段时间，人们一提到技术创新，往往会捎带上"专利保护"这个给人以时尚感的名词术语，但较少有人真正明白这两者之间系统性的内在联系。那么，技术创新与专利两者之间到底有着怎样的关系呢？

在现代创新机制运行和创新活动中，技术创新与专利是相互依存、相互支撑的关系。技术创新是产出发明创造并由此推进人类文明的不竭源泉。当人类社会以其日新月异的发展步入充满希望的21世纪的时候，人们无不感谢科学和创新给人类带来的巨大的收益。创新使人类从树叶遮体和钻木取火的原始时代进入到高度发展的现代文明社会；创新使"嫦娥奔月"的神化传说变成了现实；创新使人们与大洋彼岸的亲朋好友近在咫尺，把偌大的地球变成了一个互通互联的地球村。只有持续推动各领域的技术创新，相关创新成果，即具有独创性甚至具有划时代意义的发明创造才能不断脱颖而出，而这些发明创造正是专利保护的对象即保护客体。运用法律手段保护好这些发明创造，加快其推广应用，实现创新价值，进而提升国家核心竞争力，正是加紧实施创新驱动发展战略和国家知识产权战略的要义。技术创新为专利保护提供了实体性的成果——发明创造，专利制度是激励创新、保护创新和实现有序有效创新的法律保障。技术创新与专利相互依靠，相互衔接，相互融合，相伴而行，共同承担着推动经济结构调整、产业优化升级、实现科学发展的使命。

当今世界，关键领域的技术创新和核心专利的科学布局与有效运用，正在推动着全球产业分工的深化和经济结构的调整，重塑着全球经济竞争的新格局。与技术创新相伴相随的专利，也随之成为国家发展的战略性资源和提升国际竞争力的核心要素，以技术创新为源头的专利创造、保护、管理与运用备受相关政府部门、行业组织、高校、科研机构和企业等各方的关注。企业如何了解、重视并着力推动技术创新中的专利挖掘、专利整体布局与有效运用，并且分层级、分阶段、分步骤地在企业技术创新中付诸实践，就成为摆在企业科技工作者和专利工作者面前的重要课题和任务。归纳起来，专利对技术创新的支撑保障作用主要体现在以下几个方面：

1. 激发创新活力

第16任美国总统亚伯拉罕·林肯曾经说过这样一句话："专利制度是给天才之火浇上利益之油。"探索世界，求得新知，是人类基本精神活动之一。在没有建立专利制度之前，人类从事发明创造活动，进而改造自然，促进人类文明与进步，是人类追求更好地生存的天性所在。进而，西方发达国家率先建立的专利制度，为人类发明创造活动又加注了强大的驱动力和巨大活力，使技术创新进程发生了质的飞跃，发明创造的数量呈现几何级增长态势，一些对人类文明进程有着划时代影响的伟大发明都是在这一时期产生的。在精神和物质收益这一实际利益因素的驱动下，创新天才更加迸发出巨大的创新力和创造潜力。

众所周知，人们的任何创新都是要有投入的，无论是人力等智力资源投入，或是设备、实验室等有形财力投入，还是时间、精力和管理的投入，都必然是一种长时间的消耗。在此期间的产出则相对较少，人们一般在短时间内还看不到技术创新的曙光，而后续的收益或许有望超出预期，但这需要有法律上的保障才可以实现。专利的定义已经明示：没有得到法律界定的创新成果，很难说得清楚其归属权；没有明确的创新成果归属权，创新人员后续的成果转移转化、创新价值实现就会受到直接制约，从而影响其转化为本该属于自己创新回报的经济收益。如果得不到相应的经济回报，企业的创新投入就会付诸东流，创新人员相应的精神权益和经济回报就得不到实现，那么其再创新的积极性就会大打折扣甚至创新之火就此熄灭。没有经济利益回馈，就会失去创新的动力之源。专利制度从法律层面确定了创新成果的财产归属关系，使创新成果受到法律保护，经济收益得到有效保障。企业创新投入以及创新人员的投入都能得到相应的回报，有利于其将收益回馈到下一轮的技术创新中去，从而激励企业继续加大创新投入，实现创新驱动发展，创新人员的创造积极性也得到了有效保护，创新人员的价值得到充分体现，如此势必激发企业和创新人员的创新活力。有了强有力的专利保护，企业创新投入才能得以顺利回收，才能有序扩大创新再投入的规模和力度，才能更好地调动创新人员从事技术创新的积极性，才能形成对市场的最大份额占有权、市场控制权、主导权及话语权。在专利制度保护下，人们的创新活动才能迸发出巨大的能量，企业的创新驱动战略实施，才能成为推动经济发展和社会进步的主要力量，这样的技术创新就更加具有战略意义和长远的持续推动价值。

2. 引领创新决策

对于众多创新型企业、高校和科研机构来说，确立具有长远战略意义的前瞻性科研项目或新型产品研发项目，是其创新挖潜和延伸自身价值、增强核心竞争力与发展持续力的首要任务。在科研立项或新产品研发项目立项之前，进行充分的市场需求调研和可行性分析，查阅科技期刊中刊载的有关科技资料，是创新型企业、高校和科研机构的研发人员通常要做的事情。但是，为此进行专门的专利文献检索和专利信息分析则更加重要。通过有针对性的专利信息检索分析，可以预判科研立项的必要性、安全性和可行性。进行较为全面和定向性的专利信息检索，可确定新技术或新产品研发项目是否有必要立项，如此前已有相同的技术方案或者发明创造申请了专利并获得授权，那么再予立项，必然导致重复研发和重复投入，浪费大量的人力、物力、财力等创新资源和宝贵的时间。通过全面深入的专利信息检索分析，充分挖掘专利信息的巨大价值，可以在引导创新型企业、高校和科研机构等创新主体及时跟踪和了解本领域世界前沿技术发展动向的同时，引导科研人员在项目研发之前或研发过程中制定较高层次的创新发展策略，避免科研立项的盲目性，促进技术创新资源的合理配置和运用，有的放矢地部署创新力量，实现科学立项和有序创新。专利检索与有针对性的剖析，是实现企业、高校、科研机构科研立项科学化，推进科学创新的必要依据，专利分析手段的精准运用，可以有效引领技术创新项目的立项决策。

3. 开阔创新思维

引导创新型企业、高校和科研机构合理借鉴他人已有专利的核心设计思想和创新理念，由此开阔自身创新思考的视野，拓展创新思路，借以形成跨学科、跨领域、跨类别及逆向思维、开放式思维的技术创新思维模式，是专利对技术创新的又一重要作用的体现。从事技术创新活动的群体，通常都需要了解更多的最新发明和专利技术信息，以此开拓自己的创新思维，作出更具创造性和市场开发价值的发明创造。在一些情况下，企业在专利检索中发现了与自己创新项目密切相关的专利申请或授权的有效专利，就不敢正面接触了，一般选择退避三舍，绕道而行，或者索性就不敢再研发此类新产品了，这样做可以说是一种较为安全的选择。但是，这种做法有有利的一面，也有浪费资源的一面。对高关联度的他人专利进行深度解析，可以使企业、高校和科研机构直接、深入地了解其核心设计思想和技术内容，引导技术研发人员理解、领悟相关专利的核心设计理念、技术思想和创新走势及导向，并从中获得有价值的创新启示，从而最大限度地拓展自己的技术创新思考的视野，深化创新思维，丰富创新手段和途径，最终取得技术创新的实质性突破，促进企业等创新主体创造出具有新颖性、创造性和实用性的更多高水平、有价值的创新成果，为提升企业等创新主体的创新力提供重要的基础性支撑。

4. 规避创新风险

受内部和外部因素影响，预期目标不一定能够实现，这种对预定目标影响的不确定性称为风险。随着科学技术的突破性进展和经济社会的快速发展，人们在共享发展带来的巨大利益的同时，也面临越来越多的前所未有的风险。对于企业来说，在其经营活动及技术创新过程中常常会遇到各种各样的风险，

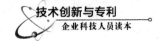

专利侵权等知识产权风险就是其中之一。预先发现、评估、控制和规避专利侵权等风险，主动阻止这一风险转换为将要发生的事实或者进行高水准的规避设计，避免不必要的损失，成为企业必须要面对的、刻不容缓的课题。特别需要注意的是，企业在处置这一问题时，不仅要直接面对专利侵权风险本身可能带来的伤害，而且更要注意控制其产生的溢出效应对企业的后续影响，否则，企业遭受的间接损失将会超出预期。因此，企业应当预先查找自身在专利领域的隐患，评估潜在的专利侵权风险及由此带来的衍生风险，并制定较为完备的应对预案，以备在出现于己不利的状况时，能够稳妥处置和化解危机，保证企业技术创新和生产经营活动的正常进行。一般情况下，当一个新型产品的研发项目立项决策完成后，随之展开的技术创新活动可能存在两种情形：一种是项目立项决策程序严谨，准备工作充分，风险排查工作到位，随后的技术创新活动就会具有较高的安全性；另一种是项目立项决策根据主要决策者的主观臆断进行，缺乏必要的前期风险排查与预警程序，这样就会使随后的技术创新活动的安全性大大降低，很可能使科研投入取得的新技术产品存在侵犯他人专利权的巨大风险，造成受制于人的不利局面。尤其是在企业对其竞争对手的全球专利布局缺乏全面、准确了解和深入分析的情况下，就很容易导致其不断受到涉外专利侵权诉讼的困扰，而支付巨额专利费，必然成为企业增加竞争成本、削弱竞争实力、缩小竞争空间、制约实施"走出去"战略的直接因素。企业有效运用预前专利检索、判别、分析市场目标国家或地区的相关专利布局状况，有针对性地做好专利侵权及衍生风险等级评估，由此制定规避风险的应对预案，确立相应的争端应对与处置策略，跳出他人已有专利的保护范围或者排除相应的专利障碍，才是企业安全创新和提升市场博弈水准的上乘之举，才能在创新驱动战略的推动下，在国际竞争中走得更加稳健、更加长远。

5. 提升创新起点

被誉为"人类历史上最伟大的科学家"之一的牛顿有这样一句名言："如果说我比别人看得更远些，那是因为我站在了巨人的肩上。"也就是说，牛顿汲取了前人取得的科学成果的精髓，在此基础上进行了更高起点、更高层次的科学研究，而不是一切从零做起的低水平研究。吸纳前人的科学成果可以通过直接和间接言传、查阅各种科学文献等形式实现，而检索专利文献不失为最佳途径。通过检索专利文献，查找公开的相关专利文件，可以全面、准确地了解相关领域技术研发的领先水平以及创新方向，找出与自己研发新产品的预定技术方案关联度最高的专利，进行相互比对和技术差距分析，由此可以确立自己技术创新的高起点。因此，企业可以根据自身技术创新的实际定位需要，开展关键领域世界前沿技术的专利动态跟踪检索，通过对其关注领域最新专利的全面深入的定向分析，及时掌握关键领域世界前沿技术的最新研发动向和所处水平，以确定企业自身的技术创新导向和创新起点，实现从跟随式创新向超越式创新的转变，促进企业创新力和竞争力的提升。综上所述，专利文献是滋养技术创新的富矿，其中蕴藏着丰富的创新参考资源，用以点燃创新者智慧的火花，启迪和点拨人们的创新思维灵感，引导创新者确立更高的技术创新起点，制订最佳的技术创新方案，实现技术创新的高水准化。运用专利比对分析手段提高技术创新起点，实践"站在巨人的肩膀上"进行创新，不失为企业技术创新的明智选择。

6.优化创新路径

企业在技术创新项目立项决策之后，就要着手制订相应的技术创新方案并付诸实施，但其技术创新路径是否科学，方法运用是否得当，成为极其重要的决定性因素，路径和方法决定创新效果。世界知识产权组织公布的有关资料显示，充分利用专利信息，不仅可以提高科研立项的起点，而且在创新活动中可以缩短60%的研发时间，节省40%的研发经费，从而节省大量的创新资源，缩短创新进程，提高创新效率，保证创新质量。依法、合理地借鉴他人专利，是企业技术创新的有效捷径。也就是说，企业可以采用科学的创新借力策略，定向梳理和分析具有参考价值的相关专利信息，合理借鉴与自己技术创新目标任务高度关联的国内外相关专利的核心设计理念和技术创新思想，丰富创新思路，在不造成专利侵权的前提下，明确自己的技术创新方向，优化创新路径，最终按照自己的预期，实现关键技术的创新突破，取得有实质价值的创新成果，真正实践了"借他山之石，攻自家之玉"。因此，高关联性专利分析可以引导技术创新路径的优化。

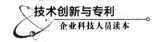
7.保护创新成果

专利制度之所以能够激发企业等创新主体及其技术研发人员的创新活力，是基于它对技术创新成果的有效保护。专利权是国家依法授予专利申请人在一段时间内对其发明创造（这里也称为技术创新成果）所享有的占有、使用、处分和收益的专有权利。没有专利权人的许可，任何人都不得以生产经营（即获利）为目的，使用其专利权，否则就构成对其专利的侵权行为，要承担相应的法律责任。企业等创新主体的技术创新成果——发明创造一旦被依法授予专利权，就会受到国家法律的保护，任何人都不得侵犯，因此专利权是以法律为保障的。专利对技术创新成果的保护，体现在禁止他人未经允许使用其创新成果上。对于未经专利权人许可而以盈利为目的使用的，专利权人可以起诉专利侵权行为人，使其承担法律责任，以此来规范市场，实现有序竞争，从而有效保护企业的创新成果，保护市场，保护投资，促进企业依靠创新驱动战略，提升核心竞争力，实现依法、有序和可持续发展。专利对企业技术创新成果的保护，是其促进企业技术创新和产业转型升级的有效手段。企业应当根据自身技术创新项目的发展预期和市场拓展计划，进行整体的专利申请布局设计，就技术创新项目专利申请的数量、种类、时间、地域等专利布局要点确定操作方案，在专利数量满足保护需要的同时，要特别注重专利质量的提高和专利整体布局的合理性，形成有效保护企业创新成果的完备专利保护体系，为防止企业技术创新成果的流失提供可靠保障。

8.实现创新价值

创新是实现中华民族伟大复兴的动力之源。技术创新关系到国家产业结构调整和经济转型升级的战略大局，关系到国家核心竞争力的实质性提升和可持续发展根基的牢固程度，战略性新兴产业持续、长远发展的支撑和依靠就是技术创新，而技术创新要想充分释放出对经济增长的强大驱动力，就必须大力发掘和实现其巨大的现实价值和潜在价值。成果长期闲置、无人问津，其价值就会大打折扣甚至逐渐消失。有了接收技术创新成果并有意愿将其转化为现实生产力的企业之后，如果没有强有力的专利保护作为后盾，势必影响技术创新成果的有序转移和转化，就必然影响其转换为现实生产力和经济价值。只有这一技术创新成果的专利权属关系清晰，财产界定确切，企业才敢于接受该技术创新成果，否则创新成果的所有权、支配权的不确定性，会让接受它的企业感到潜藏着很大的风险或隐患。在我国大力推进战略性支柱产业科学化、高端化发展，加快实现从"中国制造"向"中国创造"的根本性转变，着力促进创新驱动战略实施的重要经济发展转型期，专利已经成为经济转型和产业升级进程中极具升值力的核心资产和战略性资源。运用专利保护机制，通过转移转化等途径将技术创新成果转变为现实生产力，释放出巨大的经济价值，是新时期实现经济发展方式转变的必然要求。

9.巩固创新地位

不断增加研发经费投入，优化技术创新路径，加大技术创新的力度等举措和步骤，加快抢占技术制高点，仅仅是技术创新的阶段性任务，而不是终极目标。如果只局限于做好这些工作，而没有采取站稳脚跟的后续跟进措施，那么也只能说是攀上或到达了技术制高点，而不是占据制高点，抢占是抢先占据，据为己方所有的意思。到达那个地方不一定能占据得住那个地方，这种"到达"只是一种不一定能占据得住的不稳定的暂时领先状态。只有主观上和客观上采取有效的法律手段等措施，使自己能够在技术制高点上站稳脚跟，占有相应的技术领地，并且真正将技术创新实力转换为市场竞争实力和资本调动能力——尤其是国际市场支配地位，牢牢掌控住国际市场竞争的主动权和话语权，并由此谋求长远，扩张市场覆盖范围，实现现实利益和未来利益最大化和发展的持续化，才能真正激活创新潜力，产生增值效应，切实巩固住企业自身的创新地位，而这才是企业技术创新、智慧发展的终极目标。要实现这一终极目标，唯一的选择就是走专利保护的道路，只有强有力的专利法律保护，才能阻止他人窃取自己处于技术制高点位置的高技术创新成果，才能独占与技术制高点相对应的市场空间，才能真正从中获益。如果没有专利保护的这道屏障，任何人都可以到达与上述技术制高点相对应的技术领地和市场领地，那么企业的市场独享地位就会由此垮塌，其创新地位也就不能通过经济价值转换的方式得以巩固。因此，专利保护是企业巩固技术创新地位的唯一的也是正确的选择。

练习题

1. 请简述目前我国技术创新的现状。

2. 请简述最常见的5种创造技法。

3. 请简述专利的特性。

4. 专利有哪些种类? 请分别简述。

5. 技术创新与专利的关系是怎样的? 请简述。

6. 什么是专利?

7. 专利有哪些主要特性?

8. 我国有哪几种类型的专利?

9. 我国发明专利授权的实质性条件有哪些?

10. 哪些发明创造不能被授予专利权?

11. 专利权人有哪些主要权利?

12. 发明人或设计人有哪些权利?

13. 什么是职务发明?

14. 专利与技术创新具有怎样的关系?

15. 专利在技术创新中主要有哪些作用?

第二章

TRIZ简介

第一节　什么是TRIZ

现如今，创新是一个最热门的话题。但提起创新，人们一般想到的是创新的结果，如新产品、新工艺或新的管理方法等。而且，创新往往意味着成本很高、过程漫长以及失败的可能性非常大等。也就是说，创新效率低一直是我们无法突破的"瓶颈"，"少慢差费"则是创新效率低下的最主要表现。归根结底，创新方法决定创新效率，创新效率低下的主要原因是我们没有掌握先进的创新方法。其实，只要我们能够掌握有效的创新方法，创新也可以变得"多快好省"。

起源于苏联，并被喻为"神奇点金术"的TRIZ——发明问题解决理论就是这样一种能够提高创新效率的创新方法学。它利用创新的规律，使创新走出了盲目的、高成本的试错和灵光一现式的偶然。实践证明，运用TRIZ，不仅可以大大地加快人们创造发明的进程，而且还能得到高质量的创新产品。

TRIZ的含义是发明问题解决理论，是原俄文单词T：Теория R：Решения I：Изобретательских Z：Задач 的首字母按照ISO/R9—1968E规定，转换成拉丁字母得到的。

TRIZ之父是根里奇·阿奇舒勒（Ге́нрих Сау́лович Альтшу́ллер，Genrich S.Altshuller，1926—1998），他是苏联的一位天才发明家和创造学家。阿奇舒勒在14岁时，就申请了第一项专利，1946年，年仅20岁的阿奇舒勒由于其出色的发明才能成为苏联里海舰队专利部的一名专利审查员，从此他开始了长达半个多世纪的对TRIZ理论的研究。20世纪50年代末，阿奇舒勒为全新的发明问题解决理论（TRIZ）奠定了基础。

TRIZ的理论基础是技术系统进化的客观规律，TRIZ的主要优点是它可从成千上万个可能的解决方案中快速找出复杂发明问题的最终解法，而不是在可能的候选方案中进行大海捞针式的搜索。

在TRIZ创立之时，正处于冷战时期，美苏之间虽未发生直接战争，但在经济、政治、军事、外交、文化、意识形态等方面都处于对抗的状态，导致该理论被"深藏于"苏联，不为西方国家所知。直至苏联解体后，随着大批TRIZ研究人员移居到欧美等西方国家，TRIZ才很快引起学术界和企业界的极大关注。特别是传入美国后，当地的学者建立起了TRIZ研究咨询机构，在密歇根州等地继续进行TRIZ的深入研究，使TRIZ得到了广泛深入的应用和发展。

据调查资料显示，TRIZ创新理论现在已经在欧美和亚洲等发达国家和地区的企业得到广泛的应用，大大提高了创新的效率。据统计，应用TRIZ理论与方法，可以增加80%～100%的专利数量并提高专利质量，提高60%～70%的新产品开发效率，缩短50%产品上市时间。

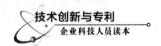
第二节　TRIZ理论的起源

从原始社会到现代社会，人类在大约100万年的历史中，在与大自然抗争的过程中，无意识地遵循创新规律，利用一切可利用的资源，创造了无数的人工制作物，不断地推进社会的发展与演变。但是，人们一直认为所有的发明创新都是科学家和发明家在冥思苦想后"灵光一现"的结果，是运气使然，是可遇不可求的事情。

因此，尽管人类无数次地遵循创新规律，实现创新方法，但是，一直没有人把创新的方法明确地、系统地总结出来。直到20世纪40年代，苏联发明家、教育家根里奇·阿奇舒勒通过对数十万件高水平的发明专利所做的长期分析、归纳和总结，发现了人类进行科学研究和发明创新所遵循的客观规律，提出了有关发明问题的基本理论——TRIZ。

阿奇舒勒认为：创新不是灵感和灵光一现的作用，而是人与技术相互作用的结果；创新有着明确而强烈的客观规律；创新是一种人类与生俱来的先天的能力，是随着年龄的增长而逐渐被埋没，但是又可以在后天被重新激发的能力。

在阿奇舒勒看来，解决发明问题过程中所运用的科学原理和法则是客观存在的，大量发明所面临的基本问题和矛盾（TRIZ称之为技术矛盾和物理矛盾）也是相同的，同样的技术创新原理和相应的问题解决方案，在一次次的发明中被重复应用，只是被使用的技术领域不同而已。因此将那些已有的知识进行提炼和重组，形成一套系统化的理论，就可以用来指导后来者的发明创造、创新和新产品开发。正是基于这一思想，阿奇舒勒与苏联专家一起，经过50多年对数以百万计的专利文献加以搜集、研究、整理、归纳、提炼，建立起一整套体系化的、实用的解决发明问题的理论方法体系——TRIZ。

第三节　TRIZ的应用

　　TRIZ起源于发明创造的成果，也大大促进了后期的发明创造过程。1991年苏联解体之后，TRIZ传入到其他国家，欧洲和美国、韩国等国家和地区的现代企业制度大大促进了TRIZ的传播。

　　1997年，韩国的三星电子正式引入TRIZ，成立了专门的TRIZ协会对TRIZ进行学习和应用研究。TRIZ在应用过程中产生了比较大的经济效益。1998—2002年，三星电子共获得了美国工业设计协会颁发的17项工业设计奖，连续5年成为获奖最多的公司。2003年，三星电子在67个研究开发项目中使用了TRIZ，为公司节约经费1.5亿美元，并产生了52项专利技术。2005年，三星电子的美国发明专利授权数量在全球排名第五，领先于日本竞争对手索尼、日立等公司。每年三星公司可以通过对TRIZ理论的应用解决大量的实际技术问题，大量节省了研发资金的投入，仅三星集团先进技术研究院（SAIT）的TRIZ实施与应用就节省9000多万美元的研发费用。而且在专利申请、自主知识产权方面都取得了良好的进展，成为在中国申请专利最多的国外企业。更重要的一点，三星电子的产品利润几乎是拥有同等营业额的索尼公司的十倍。三星电子从技术引进到技术创新的成功之路，给渴望在经济全球化竞争中占有一席之地的中国企业提供了极为有益的借鉴和启示。

　　2001年，波音公司邀请25名苏联TRIZ专家，对波音公司450名工程师进行了两周的培训，取得了767空中加油机研发的关键技术突破，最终波音公司战胜空客公司，赢得了15亿美元空中加油机订单。波音公司还利用TRIZ理论成功解决了波音737改进型飞机的发动机罩外形问题。波音公司的工程师通过TRIZ把公司在喷气式发动机、航空材料、导航等方面的新技术成果集成起来，开发与之配套的制造技术和工艺后制造出波音747飞机并投入商业运行。

美国福特汽车公司在解决一款车的方向盘颤抖问题时很好地利用了TRIZ理论。应用TRIZ理论后，公司每年创造的效益在1亿美元以上。

2001年，大众汽车（墨西哥）公司引进一套转向节铸造生产线时，发现熔液中沙粒含量超标（使熔液流动性差）造成生产效率大幅提高，同时铸件废品率（主要为缩型）也大幅提高。应用TRIZ理论对问题进行分析后，对生产线稍加改造，问题得以有效解决。产品不合格率由大于10%降到低于3%，同时不增加任何额外投入，在生产成本不变的情况下，简化了生产线，缩短了生产周期。

美国研制F-111战斗机时，为了突破"音障"，许多国家都在研制新型机翼。能否设计一种适应飞机的各种飞行速度，具有快慢兼顾特点的机翼，成为当时航空界面临的最大课题。研究者应用TRIZ找到了满意的设计思路，设计成功了新型的F-111变后掠翼战斗/轰炸机。英国、德国、意大利三国联合成立的帕那维亚飞机公司的狂风超音速战斗机等都采用了这种新的设计思想。

世界最大的汽车部件公司德尔福汽车公司使用TRIZ减少了燃料供给装置的需要部件的数量，设计出重量轻、体积小而且结构简单的部件，从而缩减了50%以上的成本。

生产世界最高性能运动车的法拉利汽车公司，应用TRIZ开发了径轴用汽车使用的发动机，并获得Grand Prix大会的优胜奖。

美国航空航天局的Jet Propulsion Laboratory研究员在开发超低温下工作的电池过程中，通过TRIZ的应用，短时间内查找出可以进行实验的数十个解决方案思路，成功开发出能够发挥新性能的电池。

吉列公司作为4Man-Year的研究开发项目，项目领导在发热剃须刀使用气泡香皂的开发过程中利用TRIZ，1天内找到核心思路，并获得成功。

日本电气股份有限公司利用TRIZ解决晶体管的技术问题，确保了5倍以上的新颖性，并通过特许选定，确保年节约800万美元的技术使用费。

汽车制造商本田利用TRIZ软件，缩短项目信息调查分析阶段的平均时间，使平均时间从22000小时减少到1000小时。

富士施乐公司组织了TRIZ学习小组并购买了很多套软件，在全公司范围内有规律地讨论和报道TRIZ案例和做内部咨询活动。每年至少有10项工程，因为使用了TRIZ而得以解决。如，测量复印机托盘里纸的厚度，提高纸托的防潮能力，解决稀有气体荧光灯的亮度问题等。他们同时也把TRIZ应用于解决管理中的问题，如设立了一个新的部门：信息咨询部。

理光公司1997年引入TRIZ，并于1999年由TRIZ小组成立了质量控制办公室且开始有规律地进行TRIZ内部培训，应用TRIZ成功地改善了回声包装部件的性能。

东日本旅客铁道株式会社的TRIZ由日本SANNO大学于2001年引入，利用TRIZ解决了其子弹头列车上厕所空间的设计问题。

松下通信系统设备有限公司于2001年引入TRIZ，在2年的时间里，500名工程师接受了TRIZ培训，其中很多人现在已经能够把TRIZ灵活运用于公司的各个部门的不同工作中。在一个工程项目中，为了把一个电子记录白板的包装尺寸减半，通过功能分解和矛盾矩阵，从问题的不同方面给出了很多概念解决方案，最终采取"把主板用四个部件拼接而成"使问题得到解决。应用TRIZ，使新产品的包装体积减小了50%，制造成本减少了10%，销量提高了1.5倍。

第四节 TRIZ的理论体系

TRIZ的理论基础和基本思想是：

1）产品或技术系统的进化有规律可循。

2）生产实践中遇到的工程矛盾往复出现。

3）彻底解决工程矛盾的创新原理容易掌握。

4）其他领域的科学原理可解决本领域的技术问题。

TRIZ的核心是消除矛盾以及揭示技术系统的进化原理，建立基于知识并消除矛盾的逻辑化方法，用系统化的解题流程来解决特殊问题或矛盾。TRIZ的理论体系如图2.1所示。

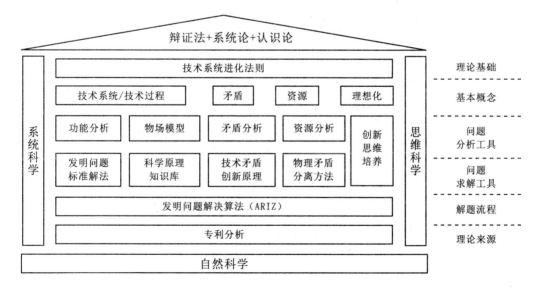

图2.1　TRIZ的理论体系

TRIZ理论以辩证法、系统论和认识论为哲学指导，以自然科学、系统科学和思维科学的研究成果为根基和支柱，以技术系统进化法则为理论基础，包括了技术系统和技术过程、（技术系统进化过程中产生的）矛盾、（解决矛盾所用的）资源、（技术系统的进化方向）理想化等基本概念。

TRIZ理论提供了分析工程问题所需的方法，包括矛盾分析、功能分析、资源分析和物场模型等，同时还提供了相应的问题求解工具，包括技术矛盾、创新原理、物理矛盾、分离方法、科学原理知识库和发明问题标准解法等。TRIZ理论针对复杂问题的求解提供了发明问题解决算法（ARIZ），同时TRIZ理论还包括了一些创新思维的方法，如多屏幕法、小人法、金鱼法等。

一、经典TRIZ理论

经典TRIZ理论体系主要包括以下几个方面的内容。

1. 创新思维方法

阿奇舒勒认为创新思维不是少数天才的专利，在我们身边，创新思维无处不在，只要我们真正认识到创新思维的规律，自觉学习并运用创新思维，人人都可以成为创新思维的拥有者、受益者和传播者。

在TRIZ理论体系中，提出了多种创新思维方法，这些方法可以帮助我们克服思维惯性。这些方法主要有：小人法、STC算子、金鱼法、多屏幕法。

2. 技术系统进化理论

针对技术系统进化演变规律，在大量专利分析的基础上，TRIZ理论总结提炼出产品进化曲线（S曲线）和八个基本进化法则。利用这些进化理论，可以分析确认当前产品的技术状态，并预测未来发展趋势，开发富有竞争力的新产品。

产品进化曲线（S曲线），用于表示产品从诞生到退出市场这样一个生命周期的基本发展过程。在TRIZ理论中将进化曲线分为四个阶段，即婴儿期、成长期、成熟期和衰退期。婴儿期和成长期一般代表该产品处于原理实现、性能优化和商品化开发阶段，到了成熟期和衰退期，则说明该产品技术发展已经比较成熟，盈利逐渐达到最高并开始下降，需要开发新的替代产品。随着产品的不断更新换代，形成了该类产品的进化曲线族。对此，TRIZ理论提供了一种识别和确认产品所处状态的技术，即首先总结出特定时间内与产品相关的专利数量、专利级别、市场利润和产品性能的基本变化规律，通过当前产品的相关参数变化情况，确定该产品处于生命周期的哪个阶段，从而为制定产品开发策略提供参考。

构成TRIZ理论核心内容之一的是TRIZ理论中包含的进化法则，主要包括提高理想度法则，完备性法则，能量传导法则，提高柔性、移动性和可控性法则，子系统非一致性进化法则，向超系统升迁法则，向微观系统升迁法则，协调性法则等。这些技术系统进化法则基本涵盖了各种产品核心技术的进化规律，每条法则又包含不同数目的具体进化路线和模式。

一旦掌握了这些规律，我们就可以在此基础上，确认目前产品所处的发展状态，发现产品存在的缺陷和问题，并预测其未来发展趋势，制订产品开发战略和规划，开发新一代产品。这就是我们常说的技术预测。

3. 工程问题解决原理

生活中常见到很多矛盾，即相互抵触、互不相容的关系。工程中同样存在矛盾，如在飞机制造行业中，为了增加飞机外壳的强度，一种很容易想到的方法是增加外壳的厚度，但是厚度的增加势必会造成重量的增加，而重量的增加是飞机设计师不想见到的。在其他很多行业中，如此的矛盾十分常见。

TRIZ把工程中常见的问题分为两种——技术矛盾和物理矛盾。技术矛盾指两个参数之间的矛盾，改善了某一个参数，会导致另一个参数的恶化。如上面提到的，提高飞机外壳强度的同时，导致了飞机重量的增加。物理矛盾指一个参数的矛盾，如温度既要求高，又要求低。

不同的发明创造往往遵循共同的规律。经典TRIZ理论将这些共同的规律归纳成40个发明原理与11个分离原理，针对具体的矛盾，可以基于这些原理寻求具体解决方案。为了解决技术矛盾，TRIZ理论给出了矛盾矩阵这种工具，运用矛盾矩阵可以找到解决某种技术矛盾的相应方法，即创新原理。

物理矛盾的解决方法一直是TRIZ理论研究的重要内容。解决物理矛盾的核心思想是实现矛盾双方的分离。现代TRIZ理论在总结简化物理矛盾的各种方

法的基础上，提炼出了分离方法，并分为四种基本类型，即空间分离、时间分离、条件分离和系统级别分离。

4. 最终理想结果（IFR）

理想化方法是科学研究中创造性思维的基本方法之一。它主要是在大脑中设立理想的模型，把对象简化、钝化，使其升华到理想状态，通过思想实验的方法来研究客体运动的规律。

真正的理想系统是不存在的，但是我们通过创新的方法巧妙应用，可以让现实中的系统无限逼近理想化的系统，即一步步提高现实系统的理想化程度。同样，阿奇舒勒在研究中也发现：所有的技术系统都在沿着增加其理想度的方向发展和进化。

产品创新的过程，就是产品设计不断迭代，理想化的水平不断由低级向高级演化，并且无限逼近理想状态的过程。当设计人员不需要花费任何成本就实现了产品的创新设计功能时，这种状况就称为最终理想结果（IFR）。设定了IFR，就是设定了技术系统改进的方向，IFR是解决问题的最终目标。即使理想的解决方案不能100%获得，但会引导你得到最巧妙和最有效的解决方案。

5. 物场分析方法及标准解法

阿奇舒勒对大量的技术系统进行分析后发现，一个技术系统如果能发挥其必要的有用功能，就必须遵循一种最小的系统模型，即具备三个必要的元素：两种物质和一个场。物质可以是任何东西，如桌子、房子、人、电脑等。场指物质之间的相互作用。利用物质和场来描述系统问题的方法叫做物场分析方法，也称物场理论。

阿奇舒勒分析大量的专利后发现：如果专利所解决的问题的物场模型相同，那么最终解决方案的物场模型也相同。阿奇舒勒一共发现了76个这样的解法规则，这些解法规则出现在不同的工程领域，所以称为标准解法。阿奇舒勒对标准解法所解决问题的类型进行了归纳，建立了标准解法系统，76个标准解法分为以下5级，如表2.1所示。

表2.1　76个标准解法分级表

第一级	建立或破坏物场模型	13个标准解
第二级	增强物场模型	23个标准解
第三级	向超系统和微观级系统跃迁	6个标准解
第四级	检测和测量	17个标准解
第五级	应用标准解法的标准	17个标准解

6. 功能化模型

功能化模型是TRIZ理论中的一个问题模型，基本形式即"如何+动词+名词"。其中名词为某一物体的性质或参数，如温度、尺寸、形状等。在经典TRIZ理论中，阿奇舒勒为我们统计出了30个标准的功能化模型。

7. 科学效应库

效应是TRIZ理论中基于知识的工具。效应是在分析专利，找出专利中产品所实现的技术功能和用于实现技术功能的科学原理之间的相关性的基础上形成的。问题的创新解决方案通常是使用问题所在的技术领域中很少用到或根本没有用到过的效应实现的。

从TRIZ观点来看，科学效应是自然法则的表现，如果具备必要的初始条件，就可以采用这些自然法则来获取所需的结果。换句话说，若我们希望获得某种结果，我们应提供相应的初始条件（或在条件成熟时利用这些条件），剩下的只要交给大自然去做，这些条件就会被转化成为我们需要的结果。

科学效应库面向应用的实际情况，抽取出常见的效应，归纳、总结、分类，便于大家理解物质的属性在设计中的应用。通过科学效应实现的创新方案或任何系统功能与理想状态更加接近。

解决发明问题时，最常用的科学效应有物理效应、化学效应和几何效应。

科学效应库是发明者应用科学知识所必需的有效途径。其中，物理效应是我们课本上所学的物理知识与工程技术之间的桥梁。科学效应库集合了在工程技术中经常使用的物理知识。

8. 发明问题解决算法（ARIZ）

TRIZ理论认为，一个创新问题解决的困难程度取决于对该问题的描述和问题的标准化程度，描述得越清楚，问题的标准化程度越高，问题就越容易解决。在TRIZ理论中，创新问题求解的过程是对问题不断地描述，不断地标准化的过程。在这一过程中，初始问题最根本的矛盾清晰地显现出来。如果方案库里已有的数据能够用于该问题，则有标准解；如果已有数据不能解决该问题，则无标准解，须通过ARIZ算法实现。

发明问题解决算法（Algorithm for Inventive-Problem Solving, ARIZ），是TRIZ理论中分析问题、解决问题的主要方法，其目标是为了解决问题的物理矛盾。该算法主要针对问题情境复杂、矛盾及其相关部件不明确的技术系统。它是一个对初始问题进行一系列变形及再定义等非计算性的逻辑过程，以实现对问题的逐步深入分析和转化，最终解决问题。该算法尤其强调问题的矛盾与理想解的标准化，一方面技术系统向理想解的方向进化，另一方面如果一个技术问题存在矛盾需要克服，该问题就变成一个创新问题。

二、现代TRIZ发展综述

经典TRIZ是一种有效的解决问题的工具，但是，其庞大的体系影响其广泛应用，所以开发出一个容易应用阿奇舒勒提出的各种创新方法的模式非常重要。事实上，在苏联赫鲁晓夫时代，就有人提出TRIZ现代化问题，而真正的TRIZ现代化的历程是从1985年开始的。1986年，阿奇舒勒由于个人身体原因不能再主持TRIZ的研究。此时的苏联正处于改革时期，TRIZ被应用到商业领域。因为TRIZ可以有效地提高解决问题的效率，所以希望掌握TRIZ的人逐渐增多，但是学会TRIZ并且将其很好地应用于工业和技术领域需要很长时间，并且TRIZ在应用过程中也出现了方方面面的问题。

TRIZ难以应用是由多方面原因引起的。一方面，TRIZ这种方法非常深奥，而且体系非常庞大。另一方面，在经典TRIZ形成之后，俄语也成为TRIZ推广的障碍，甚至在苏联，TRIZ方法的学习也仅限于一些思想先进的人，而并没有在广大工业工程师中得以推广。到了现代，TRIZ不仅仅需要在苏联地区进行推广和应用，还需要在其他非俄语国家进行推广。所以，将TRIZ引入到各国现代工业和商业中，就成为了TRIZ界的新任务。

经典TRIZ是由阿奇舒勒创立和发展的，此后出现了一批研究和应用TRIZ的学者，这些学者具有不同的工程背景、文化基础和思维方式，从而，当需要发展现代TRIZ的时候，就出现了多个方向。这些研究可以归为以下几个方向。

1. 继续发展经典TRIZ的各种工具

TRIZ理论虽然经过50多年的发展，但是仍然没有发展成熟，对TRIZ的发展和完善仍在进行中。早期的TRIZ都是根据阿奇舒勒等人的思想建立的，但是随着科技的发展，一些工具在应用过程中出现了不完善、不准确、方法落后等问题，如TRIZ工具不支持创新问题解决的某些阶段，各种方法和工具之间存在大量重叠交叉现象，效应库缺乏描述信息技术和生物技术的效应等。而这种现象是任何系统在建立初期都容易出现的问题，为了使TRIZ有进一步的发展，就必须解决这些问题。

发展适合现代新技术的TRIZ是重要方向之一。TRIZ的很多工具功能非常强大，但是也存在很多缺陷。例如，当今世界电子化特点越来越明显，能量场应用越来越多，而机械特征相对减弱。现代设计要求技术系统能与环境和谐共处，即绿色设计，所以设计中的风险和安全受到更多关注。面对这些新的变化，经典TRIZ工具提供的帮助很有限，因此需要增加新的技术因素。

TRIZ应用于非技术领域也是重要的针对TRIZ工具本身发展的新方向之一。在TRIZ传入西方之初，它主要应用于产品设计等传统技术领域。在经典TRIZ理论的后期发展中，研究者发现TRIZ不仅仅可以应用于技术领域，并很快开始研究TRIZ理论更为广阔的应用，如在企业管理、社会政治、教育等非技术领域的应用，近年来，非技术领域的应用案例不断增多。但是，TRIZ在非技术领域的应用效果仍然有待检验，很多工具和方法也需要根据非技术领域的特点予以修改。据有关学者统计，可用于非技术领域的TRIZ工具集包括：创新原理、矛盾分析、物场理论、理想度、系统进化法则等。例如，矛盾矩阵可以用于解决管理和组织矛盾；物场理论可使高度复杂的问题变得可视化；系统进化

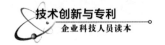

法则可以预测未来的商业模式等。

2. 继续加强TRIZ工具的应用研究

经典TRIZ理论松散、结构复杂的特点，导致其学习成本居高不下。很多人学习TRIZ之后，感觉TRIZ体系过于庞大，自己没有能力掌握各种方法的应用。虽然他们对各种TRIZ工具都有一定的了解，但是面临实际工程问题时，却不知采用何种工具解决。这种情况是由于TRIZ工具中仅仅ARIZ具有完整的解决问题的流程，然而，初学者很难把握ARIZ的本质，所以学习TRIZ的人认为，TRIZ没有集成为一个整体系统。而另一方面，不同领域会出现不同的创新问题，这些问题需要不同的处理方式，但是如何选择TRIZ特定工具来解决特定问题，TRIZ并没有给出清晰的建议。ARIZ从最初的版本发展到85版，以及更新版本之后，虽然其步骤已经变得非常复杂，但是其应用程度并不是很高。由于这种流程的应用需要有大量的TRIZ应用经验为基础，所以一些较早接触TRIZ的学者在重新修改和完善TRIZ各种工具的流程上作出了较大的贡献。

TRIZ工具的应用发展不仅仅局限于建立流程，同时也逐渐在精简TRIZ的应用流程，使TRIZ理论更容易使用。俄罗斯TRIZ专家曾经指出，需要20年的学习和实践才能真正掌握TRIZ的精髓。然而，在当今社会，一般企业的工程师几乎不可能花费几年的时间去学习这种理论。不管是企业领导者还是应用者本人，都喜欢在尽可能短的时间内学习和应用TRIZ。如何将TRIZ的各种理论和实际工作更好地结合起来？一些人开始抽取TRIZ真正精髓的部分，并且将它压缩成更加容易使用的方法，这样，可以达到既容易使用又可以广泛传播的目的。

3. 与其他设计理论的整合

TRIZ，特别是经典TRIZ，是一种很好的解决问题的方法。但是，很多工程问题一开始并不很明朗，需要分析问题的手段。而工程问题又与企业的经济活动密切相关，工程产品与市场和消费者相关，所以TRIZ理论要想在企业的产品全生命周期中发挥更大作用，就必须与其他方法整合。一般来讲，在产品开发周期中，TRIZ在技术战略选择和产品新概念产生阶段的作用最大。而这些阶段之前和之后，都有一些较为成熟的理论方法，如质量功能展开（QFD）、稳健设计、价值工程、约束理论、公理化设计、田口方法和并行工程等。TRIZ与这些方法的比较整合研究是当前的热点。很多学者尝试以一种设计方法为骨架，融入其他方法，从而克服其他设计方法的缺陷，创造一种适用于所有产品设计的理想模型。但是，由于存在极高的学习成本，整合模型的推广并不理想。到目前为止，也没有一个公认的、理想的产品设计模型。

在TRIZ与其他方法的结合之中，与知识工程的结合尤为重要。TRIZ来源于对大量专利文献和其他科技文献的分析，但是经过高度抽象和萃取的创新方法，在其应用过程中出现了两大困难，其一是将实际问题转化成问题模型；其二是将方案模型转化成实际的解决方案。对于千变万化的工程问题，需要进行有效的创新，不仅仅需要创新的方法，还需要大量的知识。这种知识可以是背景专业知识，也可以是经过梳理的用于创新的知识条目。于是基于知识工程的TRIZ理论方法学也是现在的研究热点之一，特别是一些TRIZ工具软件的提供商，投入了大量精力研究知识工程与TRIZ的结合。这其中，语义技术发挥着重要的作用。

4. 发展计算机辅助创新技术

实际上，当计算机的使用已经较为普遍的时候，就开始有人发展基于计算机的TRIZ软件，研究开发TRIZ工具，使TRIZ支持创新问题解决的各个阶段。例如，问题分析和格式化，功能分析和裁剪，效果测试、执行等；进一步结构化和扩展TRIZ知识效应库，增加信息技术和生物技术成果；推出结构严谨、包容广泛的ARIZ新版本等。现在，拥有巨大数据库支撑和友好界面的TRIZ软件已经成为一种发展趋势。这些都有利于促进TRIZ的应用。

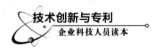
第五节　TRIZ的发展状况

一、TRIZ的发展历程

TRIZ理论的发展历程可利用表示技术系统发展进化的S曲线来表示（图2.2）。第一条S曲线（深色曲线）所代表的从1946年到世纪之交的半个多世纪的时间，是经典TRIZ从产生、发展到成熟的时期。在这一时期中，从1946年阿奇舒勒开始研究隐藏在发明背后的规律，至1956年第一篇TRIZ论文发表（ARIZ—56），可以称作是TRIZ的诞生期。1985年发明问题解决算法新版本的发布（ARIZ—85），标志着TRIZ理论体系的完善，是TRIZ的发展期，这一阶段TRIZ从专家的研究应用走向教育普及。从20世纪80年代末到90年代末是TRIZ发展的成熟期，在这一时期，苏联开发出第一个TRIZ软件，TRIZ专家开始研究TRIZ与其他理论方法（如价值工程）的结合。1989年俄罗斯TRIZ协会（即后来的国际TRIZ协会）成立，1993年TRIZ正式进入美国，1999年美国阿奇舒勒TRIZ研究院和欧洲TRIZ协会相继成立，TRIZ从此走向了世界。

伴随着TRIZ在欧美和亚洲的大规模研究和应用的兴起，TRIZ的研究进入新的发展阶段。1999—2004年，欧、美、日、韩从专家级研究应用发展到大规模行业应用并走向教育普及，广泛吸收产品研发与创新的最新成果，试图建立基于TRIZ的技术创新理论体系。

原先的苏联TRIZ协会如今已经演变为国际TRIZ协会（International TRIZ Association）。承担起了研究、发展、推广TRIZ理论的重任。

国际TRIZ协会每年会召开TRIZ峰会，研讨TRIZ理论新发展；每两年召开一次国际TRIZ大会，选举优秀的TRIZ人士领导国际TRIZ工作；创办了电子杂志和书刊杂志，公布TRIZ理论的最新进展并起到推广TRIZ的作用；制定了TRIZ认证级别及考核规则。

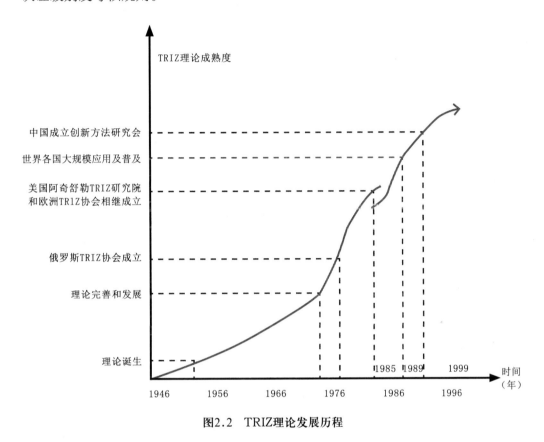

图2.2　TRIZ理论发展历程

现在引入TRIZ的国家和地区有俄罗斯、白俄罗斯、美国、日本、以色列、德国、法国、英国、加拿大、新加坡、韩国、泰国、越南、印度、荷兰、比利时、瑞典、澳大利亚、南非等，TRIZ已经成为世界上一种重要的创新方法。

二、TRIZ在我国的研究进展

我国引入TRIZ的时间并不是很长，一些针对TRIZ的研究工作起步较晚。到目前为止，对TRIZ工具本身发展的成果并不多见，但TRIZ与中国国情进行结合，从而创立的适合国内企业的方法已获得初步成效。

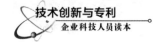

1. 创新方法研究会

2007年，在科技基础性工作专项支持下，由科技部、发改委、教育部和中国科协共同开展系列创新方法工作。在此情况下，经民政部批准、由科技部主管的全国性社会组织成立了创新方法研究会（Innovation Method Society）。创新方法研究会依托中国21世纪议程管理中心，其宗旨是搭建创新方法领域管理部门、企业、高校和科研院所交流平台，强化创新方法工作，增强民众的创新思维与创新精神培养，促进科学家对科学方法的研究与应用，增强企业的创新能力，从源头推进我国的自主创新。

2008年11月28日，科技部在北京召开创新方法研究会成立大会。研究会主要从事创新方法战略研究工作，开展创新方法培训与认证，举办创新方法高层论坛，出版创新方法相关刊物，推动创新方法国际合作，从科学思维、科学方法、科学工具三个层面全面推进创新方法。创新方法研究会通过政府引导、市场运作的方式，充分发挥研究会的自身优势，为各级政府、各类企事业单位提供咨询评估等服务，为社会各界提供教育、培训等服务，开展了大量的战略研究和实施推广工作。

2. DAOV

DAOV（Define、Analyse、Optimize、Verify）是北京亿维讯科技有限公司（IWINT）提出的一套企业创新方法论。贯彻落实自主创新，就是要营造创新的环境、培养创新型人才、建立创新体系，形成创新型企业文化。DAOV正是这样一种能够帮助企业真正贯彻落实自主创新，以技术创新提升企业绩效的实施流程与方法论。

3. 河北工业大学TRIZ研究中心

河北工业大学TRIZ研究中心是国内最早进行TRIZ理论研究与应用的单位之一，主要从事TRIZ及创新设计理论研究与应用、设计工程、软件工程、车辆动力学和RP/RT等方面的研究。近年来发表了一些TRIZ与相关理论结合的研究成果和应用成果，如面向功能设计的效应研究，基于AFD的失效原因分析技术研究，基于效应的产品功能设计理论及实现方法研究，面向产品概念设计的

FBES模型，使用AD和TRIZ的平面度检测装置概念设计，公理设计辅助产品设计过程重组研究，基于机械总线的产品系列平台设计方法研究，面向平台创新的阀门企业快速设计流程研究等。

4. 其他

除创新方法研究会进行创新方法战略研究以外，各省市特别是创新方法试点省份都积极进行了创新方法战略和发展研究。如黑龙江省被确定为国家技术创新方法试点省后，黑河市科技局利用地缘优势，积极开展大学TRIZ教学与研发基地建设。2009年，黑河学院与俄罗斯共青城国立工业大学共建"大学TRIZ研究推广基地"，从而积极学习和借鉴俄罗斯共青城国立工业大学在TRIZ理论研究及应用方面的经验。2008年，黑龙江电力职工大学组建了电力TRIZ研究中心。这些研究中心不断探究TRIZ理论的培训方法和其在企业中的应用前景和推广模式。

国内还有其他大学参与了TRIZ的研究并取得了卓越的成果，如山东建筑大学萃智（TRIZ）研究所、西南交通大学、东北林业大学、东北大学、四川大学、清华大学、北京航空航天大学、北京理工大学、北京化工大学、浙江大学、武汉大学、天津大学、东华大学、电子科技大学、中国石油大学、郑州大学黑龙江科技学院等。

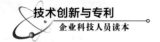

练习题

1. TRIZ理论的核心思想是什么？

2. TRIZ理论体系中包含哪些工具？

3. TRIZ理论未来有哪些可行的发展方向？

4. TRIZ对企业技术创新有哪些帮助？

5. 请说明技术矛盾与物理矛盾之间的关系。

6. 请简述TRIZ与其他创新方法的区别。

7. 在TRIZ中如何解释：一个最理想的系统应该并不实际存在，却能执行其所有功能？

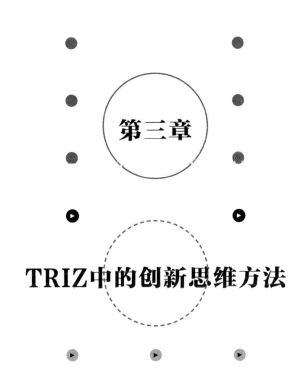

第三章

TRIZ中的创新思维方法

思维是人类认知世界的一种复杂精神活动。这种认知过程和感觉、知觉相比，具有很强的主动性和主观性，是基于客观事物和主观经验对事物进行认知的过程。

思维和感觉、知觉一样，是人脑对客观事物的反映。但是一般来说，感觉和知觉是对事物的直接反映，而思维是在事物概况的基础上，在表象（组成形象的基本单元，可以理解为像素）的概括和经验基础上对事物进行认知的过程。

人们总是在分析和综合、比较和概括、抽象和具体、迁移、判断和推理、想象等过程后，方能获得对客观事物更全面、更本质的认识。

但是随着人们对环境等外界事物的认识和掌握，会在自己的头脑中形成一些对已有事物的某种固有认识，以后每次遇到相同的问题情境，就会采用相同的思维方式进行思考。虽然使用旋转或其他沿曲线的垂直运动可以很简单地解决问题，但人们几乎不考虑走出已有的维度去解决问题。往往我们没有解决问题并不是因为我们不知道或者不会运用相应的方法，而仅仅是因为我们没有想到。

创新思维指人们在认知世界的过程中和创造具有独创性成果的过程中，表现出来的特殊的认识事物的方式。

创新思维也可通俗地解释为：人们从事创新时头脑中发生的思维活动；具有突破性、新颖性、多向性、独立性、意外性、敏捷性、主动性、目的性、预见性、求异性、发散性等特征；形式上可以是正逆向的线性思维、纵横向的平面思维、三维立体思维和空间思维；逻辑上表现为逻辑思维和非逻辑思维两种基本类型。掌握创新思维的特点和类型，就能从习以为常的事物中发现新事物，能在纷繁杂乱的问题中理清思路，能把困难的事物变为容易的事物，能把荒谬的矛盾变成合理的解决方案。

迫使人们在平常情境下得出平常解决方案的保守观念称为思维定势（也称为思维惯性）。从心理学的观点来看，思维惯性是人的一种与生俱来的自然能力，是一个人充分认识周围世界所具备的必要素质，在多数情况下，可令人得出快速而正确的解决方案。

从创新的观点看，思维惯性是有害的，因为它会使人的思维方式局限在已知的、常规的解决方案上，从而阻碍了新方案的产生。在解决问题时，一个发明者，通常会仔细浏览所有已知的传统方法。思维惯性的力量是很强的，但又是难以察觉的。沿着"思维惯性的方向"去做事的想法导致人们难以找到新的解决方案。

思维定势是一种倾向，即依赖个人经验，不愿跳出框外思考。如果我们重复面对几乎相同或略有差别的情境，那么思维定势是有利的，但如果我们面对有着本质差别的情境（尽管我们有时甚至不会注意到这种差别），那么思维定势就是有害的。因此，我们需要一些工具来控制思维定势，即帮助揭示和重新考虑通常被"默认"接受的假设。虽然此种倾向在多数情况下可以解决问题，但在需要创新解决方案时，它却会成为严重的障碍。思维定势通常是无形的，能够发现并控制它便成为成功发明者的重要特征。

因此，人们学习创新方法的最终目的，就是要打破思维惯性，跳出固有的思维模式与圈子，以全新的思维和视角来看待问题、分析问题、解决问题，让人形成创新思维的习惯。

不要以为创新思维是少数天才才能有的专利，事实上，在我们的身边，在人类历史进步的点滴中，创新思维无处不在。其核心特征非常简单明确，其基本类型非常好懂好用。只要真正认识到创新思维的规律，自觉学习并运用创新思维，人人都可以成为创新思维的拥有者、受益者和传播者。

创新思维突破性的本质就是根据解决问题的需要，在头脑中对原有的知识经验、观念、方法等进行新的组合、加工，特别是现有的知识结构进行优化与建构，使之形成新的合理的知识结构体系，并充分发挥其结构效能。这其中的关键在于突破阻碍思维创新的因素，即人们头脑中传统的、固有的观念和思维中形成的习惯与定势。因此，要知识结构不断得以优化与创新就必须提高创新思维能力，学会运用各种创新思维的原理和方法，自觉抵制和克服各种思维障碍的束缚，以实现思维方式与知识结构的创新互动。

在TRIZ理论体系中，提出了多种创新思维方法，可以帮助我们克服思维惯性。这些方法主要有：小人法（Modeling Smart Little Creatures），尺

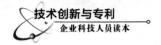

度—时间—成本算子（Size-Time-Cost Operator），金鱼法（Golden Fish Method），多屏幕方法（Multi-Screen Thinking）。

第一节 小人法

一、小人法简介

小人法是一种极好的工具，它可打破技术或专业术语导致的思维定势，并可用于在微观级别上分析系统。

当系统内的某些组件不能完成其必要的功能，并表现出相互矛盾的情况时，可以用一组小人来代表这些不能完成特定功能的部件，通过使用能动的小人，来实现预期的功能。并根据小人模型对结构进行重新设计。

小人法的步骤：

1）把对象中的不同部分想象成不同组别的小人（当前怎样）。

2）把小人分成按问题的条件而行动的组（分组）。

3）研究得到的问题模型（有小人的图）并对其进行改造（应该怎样）。

4）过渡到技术解决方案（变成怎样）。

注意：不要只画一个或几个小人。

二、水计量计

水计量计的工作原理如下：计量时由上端向计量计持续加水，当水量到达计量值时，由于重力的作用，左端下沉，排出所计量的水量（图3.1）。

容易出现的问题：水排出一部分后，计量水槽重心右移，右端下沉，水无法完全排出。

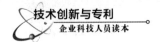
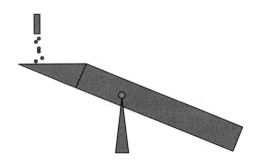

图3.1　水计量计工作原理

下面我们用小人法对水计量计的系统进行分析。

1）系统的组成部分：水，计量水槽。

2）用小人表示各组成部分：左侧小人——水，右侧小人——水槽重心（图3.2）。

图3.2　用小人表示系统各部分

3）现在的状况（图3.3）。

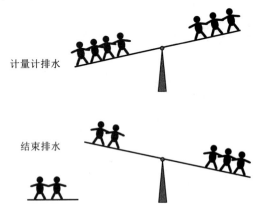

图3.3　用小人表示系统存在的问题

4）调整小人位置，得到期望的结果。

5）左侧小人要都跳下去，考虑跷跷板的原理（图3.4）。

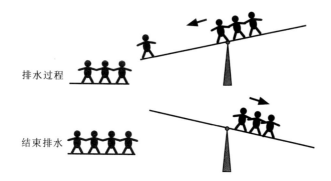

图3.4　用小人解决问题

6）根据小人图示，考虑实际的技术方案：可变重心的计量水槽（图3.5）。

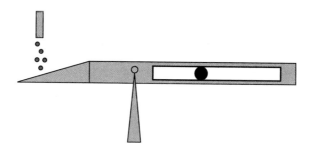

图3.5　问题的解决方案

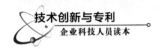
第二节 尺度—时间—成本算子（STC算子）

一、STC算子简介

通常，我们的头脑里对某一些对象的描绘具有某些"定型的"特征，尤其是在尺寸、时间和资金方面。此种定型的描绘会导致产生心理定式，从而妨碍我们更全面地考虑问题。

"尺度—时间—成本"算子是一种非常简单的头脑实验，它通过以极限方式想象系统的多个发展路线，来打破思维定势。

以下是一个问题STC算子的分析过程：

1）明确研究对象现有的尺寸、时间和成本。

2）想象对象的尺寸无穷大（$S \to \infty$）；无穷小（$S \to 0$）。

3）想象过程的时间无穷大（$T \to \infty$）；无穷小（$T \to 0$）。

4）想象成本（允许的支出）无穷大（$C \to \infty$）；无穷小（$C \to 0$）。

首先是想象系统的尺寸很微小（或不存在），并以此来思考如何建立这样的系统，会遇到哪些难题，它会带来什么益处，然后在相反的极限上想象系统，即想象系统的尺寸无限大，并思考如何建立这样的系统，会遇到哪些难题，它会带来什么益处。

还可以针对时间（瞬间发生，或者要花费无限长的时间）和成本（系统免费，或者要花费无限多的资金）来执行此类想象。

使用STC算子可以克服由于思维惯性而产生的障碍，可以迅速发现对研究对象最初认识的不准确和误差，从而重新认识研究对象。

二、高温玻璃的传送

玻璃传送的工作原理：制造好的玻璃需要被放在传送带上进行运输，此时玻璃的温度还很高，没有完全冷却，在传送带上运输的时候，由于重力的作用，会导致玻璃的下表面出现很多凸起，造成玻璃表面不平（图3.6）。

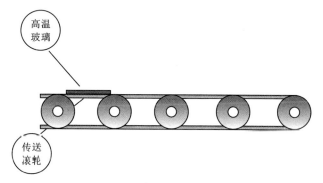

图3.6　高温玻璃的传送

下面以传送带的轴为对象，如图3.7所示，使用STC算子方法对系统进行分析。

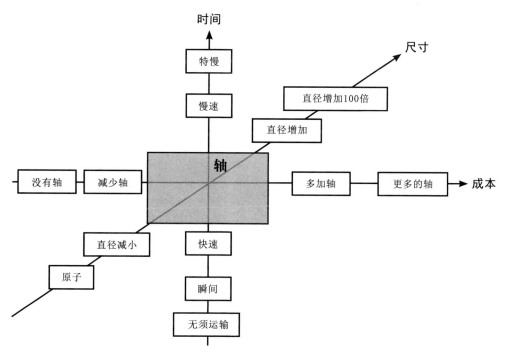

图3.7　STC算子分析传送带

从图3.7的分析可以看出，可以通过减小轴的直径来解决以上问题，由此带来的问题是轴的直径要多小。比头发丝还小？头发丝的1/1000？原子级别？那么是什么原子呢？气体原子、固体原子还是液体原子呢？气体原子不稳定，不考虑，固体原子之间还是有距离，所以液体原子最合适，那么在此问题中对液体原子的要求应该是：

1）容易溶化的物质，熔点200~300℃。

2）极高的沸点，沸点不低于1500℃。

3）比玻璃密度（2.5克/厘米^3）大，密度5.0~6.0克/厘米^3。

寻找材料：除了稀有金属，剩下的就是铋、铅、锡（铋、铅有毒）。

结论：用一个长长的、装有溶化的锡的托盘而不用传送带——用原子代替细轴。

在分析过程中需要注意的是：

1）每个想象实验要分步递增、递减、直到进行到物体新的特性出现。

2）不可以还没有完成所有想象实验，担心系统变得复杂而提前中止。

3）使用成效取决于主观想象力、问题特点等情况。

4）不要在实验的过程中尝试猜测问题最终的答案。

尽管STC算子的方法很简单，但它却可以让我们真实地看待系统以及系统存在的问题，并且还可以帮助我们排除所有虚假的约束条件。

第三节　金鱼法

一、金鱼法简介

相信很多人在童年的时候都想象过自己能够像小鸟一样飞翔，这想法看起来不现实，但若实现却绝对是令人称奇的。如何才能克服对虚幻想法的自然排斥心理？金鱼法可以帮助我们解决此问题。

金鱼法的使用步骤如下：

1）将不现实的想法分为两个部分——现实部分与非现实部分。精确界定什么样的想法是现实的，什么样的想法看起来是不现实的。

2）解释为什么非现实部分是不可行的。尽力对此进行严密而准确的解释，否则最后可能又得到一个不可行的想法。

3）找出在哪些条件下想法的非现实部分可变为现实部分。

4）检查系统、超系统或子系统中的资源能否提供此类条件。

5）如果能，则可定义相关想法，即应怎样对情境加以改变，才能实现想法中看似不可行的部分。将这一新想法与初始想法的可行部分，组合为可行的解决方案构想。

6）如果我们无法通过可行途径利用现有资源为看起来不现实的部分提供实现条件，则可将这一"看起来不现实的部分"再次分解为现实与非现实部分。然后，重复前面五个步骤，直到得出可行的解决方案构想。

二、如何用空气赚钱

使用金鱼法进行分析的步骤如下：

1）将问题分为现实部分和幻想部分。

现实部分：空气是存在的。

幻想部分：用空气赚钱。

2）幻想部分为什么不现实？

空气到处都有，不用花钱。

3）在什么情况下，幻想部分可变为现实？

空气锐减。

空气质量发生变化，严重污染（如雾霾）。

空气的氧气含量减少，无法满足人们的呼吸用量。

需要空气中某些特殊成分。

4）列出所有可利用资源。

超系统：大气层、臭氧层、宇宙环境、太阳光、地球。

系统：空气的密度、空气的重量、空气的压力。

子系统：氢气、氧气、氮气、其他气体。

5）利用已有资源，基于之前的构想（第三步）考虑可能的方案。

在空气中提取氢气、氧气、氮气卖钱。

空气污染严重时出售新鲜空气。

将含有负离子的空气压缩装袋卖钱。

在空气中加入人体需要的营养成分、药用成分。

改变空气的某些参数，如湿度、温度、压力等。

利用空气的颜色、密度、装饰环境（空气染色）。

……

6）分析构想中的不现实方案，再次回到第一步。

选择不现实的构想之一：出售负离子空气。

分为现实和幻想两部分。

现实部分：雷雨过后空气中含有负离子，空气清新。

幻想部分：无法收集装袋出售。

为什么出售负离子空气是不现实的？

对空气进行压缩、收集、存储，会对负氧离子及成分带来损害，没有相关设备。

在什么条件下出售负离子空气是现实的？

清新假日旅游，把人带到现场吸新鲜空气。

研发环保的收集技术，能够产生负氧离子的设备。

采用金鱼法，将思维惯性带来的想法重新定位和思考，有助于将幻想式的解决构想转变成切实可行的构想。

第四节　多屏幕法

一、多屏幕法介绍

多屏幕法是系统思维的一种方法，此方法把问题当成一个系统来研究，关注系统的整体性、层级性、目的性以及系统的动态性、关联性，即各要素之间的结构关系。

系统思维指对情境进行整体考虑，即不仅考虑目前的情境和探讨的问题，还要考虑它们在层次和时间上的位置，即系统的层次和时间，这两条轴线可将发明者的视野从一个"屏幕"扩展到多个"屏幕"，如图3.8所示。

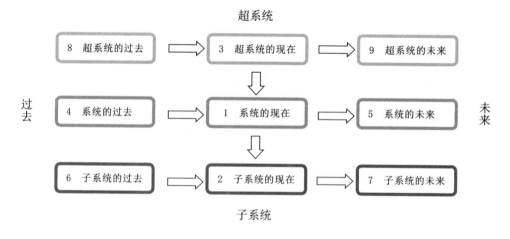

图3.8　多屏幕法

1. 多屏幕法的使用步骤

步骤一：画出三横三纵的表格，将要研究的技术系统填入格1。

步骤二：考虑技术系统的子系统和超系统，分别填入格2和3。

步骤三：考虑技术系统的过去和未来，分别填入格4和5。

步骤四：考虑超系统和子系统的过去和未来，填入剩下的格中。

步骤五：针对每个格子，考虑可用的各种类型资源。

步骤六：利用资源规律解决技术问题。

2. 相关名词解释

1）过去：如果从防止问题出现的观点来看，应该对现有系统出现问题之前的阶段进行考虑，此阶段即为系统的过去，即系统生命周期的先前阶段。此阶段代表系统的各个层级（超系统、系统和子系统）在过去发生的多个事件，对这些事件进行改变或调整，就会影响系统的现在，从而影响问题的产生。

2）未来：如果从消除问题不良后果的观点来看，应该对现有系统出现问题之后的阶段进行考虑，此阶段即为系统的未来，即系统生命周期的后续阶段。此阶段代表系统的各个层级（超系统、系统和子系统）在未来发生的多个事件，对这些事件进行改变或调整，就会防范或者补偿现有系统的问题。

3）超系统：超系统可让我们考虑某一高级别系统的单元，该高级别系统在适当的时段（即过去、现在或未来）包含系统。通常，此类超系统或者代表系统所参与的某过程，或者是系统运行于其中的邻近环境。因此，每个超系统屏幕都可包含多个不同的超系统及环境。从提供资源以防止问题出现的观点看，我们应该考虑此类超系统的组件，这样就能抵消所探讨问题的不良作用，或者消除它的不良后果。

4）子系统：子系统可让我们考虑系统所包含的单元，系统在适当的时段（即过去、现在或未来）都处于运行状态。通常，此类子系统或者代表系统的某些组件，或者代表系统所消耗的投入，或者代表系统所产生的产出。有意与无意的投入都应予以考虑，有用（产品）与有害（废物，副产品，副作用）的产出也是如此。因此，每个子系统屏幕都可包含多个不同的子系统、投入及产出。从提供资源以防止问题出现的观点看，我们应该考虑此类子系统，这样就能抵消所探讨问题的不良作用，或者消除它的不良后果。

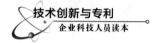

二、棕榈糖的提取问题

（一）问题描述

棕榈树是柬埔寨的国宝树，据说其国土境内约有3000万棵，当地人民的生活也与这树息息相关。曾到吴哥窟旅游的游客对于棕榈糖一定不陌生，因为当地人会在自家外面摆出一个大锅来煮糖。乘车经过时，总会闻到飘来的棕榈糖香。

棕榈糖取自于雄棕榈树的花蜜，糖农爬上树，用竹筒采收花蜜，再烹煮过滤，过程中不添加任何化学剂料、香料或砂糖，保留棕榈树原始自然的风味。棕榈糖呈自然黄绿色，口感温润而风味独特，柬埔寨当地大多制成块状。将一块棕榈糖放入开水中，稍微摇匀，水会略带甘甜清香，或是冲泡咖啡，也会呈现另一番滋味。

棕榈糖的生产是柬埔寨悠久的传统作业，但是这并不简单，而且既辛苦又危险。棕榈树的树身光滑，每棵高20～30米，让人几乎无法攀爬。一棵棕榈树要15～20年树龄才可开始采汁制糖。在柬埔寨，棕榈树是自然繁衍的，无人有耐心播种后等待20年才收成。而且难以大规模生产，商业化生产棕榈糖恐怕也没有可能。目前柬埔寨棕榈糖的生产，仍然是家庭式作业，因此棕榈糖的成本比蔗糖高出许多。

（二）使用多屏幕法进行分析

1. 分析要求

1）为这个技术系统建立九个屏幕。

2）考虑在各个屏幕中有哪些可用资源，利用它们如何能够解决问题。

3）评价各个方案的可行性。

2. 分析过程

1）在系统层次对此问题进行分析，如图3.9所示。

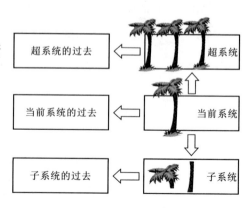

图3.9　系统层次分析

由此可以在超系统中寻找资源，例如利用超系统中很多的棕榈树制作成梯子，可以方便攀爬。也可以利用超系统中的其他资源，例如猴子。可以训练猴子爬树来采花蜜。

有人提议：在树干上砍出小台阶，边砍台阶边往树顶爬，但如果砍出很多台阶棕榈树会死亡，如果台阶少，很难爬树。怎么办？

2）在"过去"对此问题进行分析，如图3.10所示。

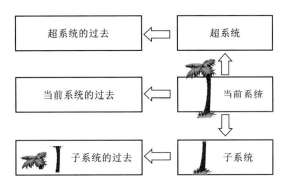

图3.10　对过去进行分析

可以在子系统的过去，即棕榈树幼小的时候开始砍树，间隔几年砍一个台阶，这样既有台阶供攀爬，树也不会被砍死（图3.11）。也可以把棕榈树种在低矮的地方，等到采蜜的时候借助树旁的山坡或建筑物可以很方便地进行采摘。

图3.11　砍树

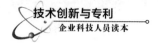

练习题

1. 炼焦：焦炭是原煤隔绝空气高温加热后的产物。在炼焦炉里，原煤在料床上，隔绝空气加热至高温，使其分解，煤中的灰分、水分、挥发成分等去除，之后变为焦炭，用焦车将焦炭推出，由传送带将其传至特定的容器中。炼焦的过程存在一个问题：高温焦炭对下面的传送带会产生很大的热应力，传送带在这种工作环境下很容易疲劳损坏，需经常更换。起初的方法：在传送带和高温焦炭之间放上石头，让石头阻隔煤块的热量。但是当传入容器的时候，容器中就成了焦炭和石头的混合物。请尝试使用多屏幕法寻找解决方案。

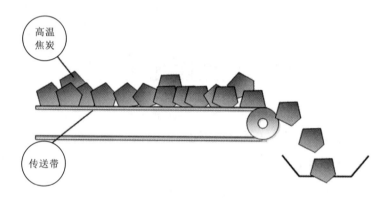

2. 测量毒蛇的长度：为了研究需要测量动物园里毒蛇的长度，这种毒蛇攻击性很强，人不能靠近；动物保护组织也在关注这个事情，因此不能为了研究而伤害它。

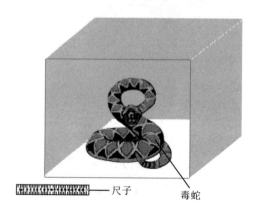

3. 茶杯的设计：用普通的杯子喝茶时茶叶会顺水喝入口中，很不方便，请尝试使用小人法寻找解决方案。

4. 请简述金鱼法的步骤。

5. 能进行长距离游泳训练的游泳池：要使训练有效，需要一个大型的游泳池，运动员可进行长距离游泳训练。但同时，游泳池的占地面积和造价就会相应增加。用小型和造价低廉的游泳池怎样满足相同的要求？请尝试使用金鱼法寻找解决方案。

6. 会飞的魔毯：埃及神话故事中会飞的魔毯曾经引起我们无数遐想，可现实生活中会有这样的魔毯吗？如何能让毛毯飞起来？请尝试使用金鱼法对此问题进行分析并寻找解决方案。

7. STC算子方法的要点是什么？

8. 很久以来海锚就是安全和希望的象征。在人类航海史上它拯救过的船只不计其数。但是就现代的吞吐量几万甚至几十万吨的巨型船只而言，海锚就不是那么可靠了。海锚的安全系数——海锚提供的牵引力（系留力）与其自身重量之比一般为10~12（结构最有名的军舰锚和马特洛索夫锚在其自重为1吨时锚的系留力为10吨）。但是，这种理想效果只有当海底是硬泥的时候才能达到。如果海底是淤泥或者岩石，锚爪是抓不住海底的。怎样才能明显提高锚在海底的系留力呢？请用STC算子方法分析此问题。

9. 请简述小人法的步骤和注意事项。

10. 有一种带有失衡振子的振动器，在电动机的转轴上置入一个不平衡物——重心移向边缘的飞轮。附加的重物越大，它的重心偏离转轴越远，飞轮不平衡重物的惯性力矩就越大，振子的工作效率就越高。可是，飞轮转动也就越困难，以至于不得不使用功率超出所需工作效率很多倍的电动机。飞轮的结构简单——空心的圆柱体，内置一个失去平衡的重物。在发动机以最小功率运转时，怎样保障转子工作的高效率呢？请运用小人法解决此问题。

第四章

经典TRIZ的理论体系

阿奇舒勒所研究的经典TRIZ的理论体系主要包括以下内容：

1）S曲线。

2）技术系统进化法则。

3）技术矛盾与创新原理。

4）物理矛盾与分离方法。

5）最终理想解IFR。

6）物场分析与标准解法。

7）ARIZ。

由于本书篇幅所限，本章主要介绍S曲线、技术系统进化法则、技术矛盾与创新原理、物理矛盾与分离方法，其他内容暂不介绍。

第一节　S曲线

一、S曲线简介

　　企业不能期望其产品永远畅销，因为一种产品在市场上的销售情况和获利能力并不是一成不变的，而是随着时间的推移在发生变化。一种产品进入市场后，它的销售量和利润都会随时间变化，呈现由少到多再由多到少的过程，就如同人的生命一样，由诞生、成长到成熟，最终走向衰亡，这就是产品的生命周期现象。产品生命周期指产品从进入市场开始，直到最终退出市场为止所经历的市场生命循环过程。产品只有经过研究开发、试销，然后进入市场，它的市场生命周期才算开始。产品退出市场，则标志着生命周期的结束。

　　产品生命周期曲线因其形状类似S形，因此也常被称为S曲线（图4.1）。S曲线横轴为时间，纵轴为产品普及率或销售量。根据S曲线划分，产品生命周期包括婴儿期（Infancy Stage）、成长期（Growth Stage）、成熟期

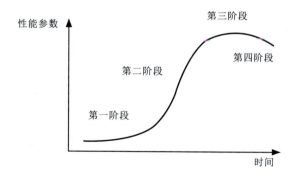

图4.1　技术系统的S曲线

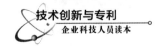

（Maturity Stage）与衰退期（Decline Stage）。这四个阶段类似人类的成长阶段，可以看成是产品的童年、青年、壮年、老年。S曲线指出技术体系的主要参数（功率、生产率、速度等）是怎样在时间上变化的。

除了性能参数这一指标呈现标准的S形曲线，我们通常还可以通过几个指标来考察技术系统，以识别系统所处的阶段。这几个指标分别是：专利数量、发明级别和利润，它们随时间变化的曲线对应技术系统四个阶段呈现明显的变化。

在这四个关键指标中，值得一提的是"发明级别"这一指标。它源于TRIZ理论对于发明等级的区分。发明级别分为五级。

1. 第一级——简单发明

指那种在产品的单独组件中进行少量的变更，但这些变更不会影响产品系统的整体结构的情况。该类发明并不需要任何相邻领域的专门技术或知识。特定专业领域的任何专家，依靠个人专业知识基本都能做到该类创新。例如，以厚度隔离减少热损失，以大卡车改善运输成本效率等。据统计大约有32%的发明专利属于第一级发明。

例：利用不同的摆放方式，使储物间存放更多的东西。

2. 第二级——小型发明

系统中某个组件发生部分质变，通过与同类系统的类比可找到解决方案，经常采用组合、合并的方法。改变的参数约数十个，即以定性方式改善产品。创新过程中利用本行业知识，通过与同类系统的类比即可找到创新方案，如中空的斧头柄可以储藏钉子等。约45%的发明专利属于第二级发明。

例：带小手电的钥匙链。

3. 第三级——中型发明

系统中几个组件可能出现全面变化，而其他组件只发生部分变化。其中大概要有上百个变量加以改善，它需利用领域外的知识，但不需要借鉴其他学科的知识。此类发明如登山自行车、计算机鼠标等。约有19%的发明专利属于第三级发明。

例：圆珠笔的发明，替代了老式钢笔。

4. 第四级——大型发明

指创造新的事物，需要数千个甚至数万个变量加以改善的情境，它一般需引用新的科学知识而非利用科技信息，该类发明需要综合其他学科领域知识方可找到解决方案。此类发明如集成电路、个人电脑等。大约有3.7%的发明专利属于第四级发明。

例：内燃机的发明，替代了蒸汽机。

5. 第五级——特大型发明

主要指那些科学发现，一般是先有新的发现，建立新的知识，然后才有广泛的运用。大约有0.3%的发明专利属于第五级发明。

以下发明均属于第五级发明。

1）轮子——产生了所有轮式交通工具及许多工业行业。

2）蒸汽发动机——许多热机的雏形系统。

3）飞机——航空业的起源。

照相机、收音机、核反应堆和激光也属于第五级发明。

绝大多数发明属于前三级发明，而真正推动技术文明进步的发明是第五级发明，但这一级的发明数量相当稀少。

产品S曲线是公司研发或产品规划上的一个重要依据。比如：某一产品之前有竞争者存在吗？若有，它位于S曲线的哪一位置？自己公司的产品该选择哪一时间点进行投放？在每一个S曲线阶段，该采取哪些营销策略、研发策略、专利策略与竞争策略？这些均是S曲线规划所需要仔细思考的。产品S曲线分析已经成为思考技术战略的核心工具，它是关于技术改进潜力的一种归纳性推论。通过S曲线分析，可以评估系统现有技术的成熟度，有利于合理的投入和分配，帮助我们作出正确的研发决策。

二、各阶段的辨别标准和特征

S曲线各阶段的识别指标如图4.2所示。

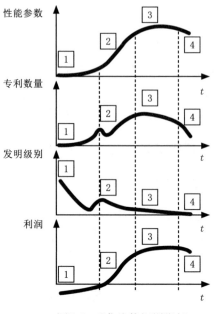

图4.2　S曲线的识别指标

（一）第一阶段——婴儿期

婴儿期指产品产生的最初阶段。在这个阶段，当能够实现系统功能的原理出现之后，技术系统也随之产生，接着，系统内部的各组成部件得以改进，但此时新系统的性能通常不如旧系统。导致技术系统第一阶段发展缓慢的原因，主要有以下几点：

1. 资源的缺乏

资源也是TRIZ理论中的重要概念（在本书的相关章节有专门的介绍）。资源主要有物质、能量、信息、时间、空间等类型，创造性地利用资源是我们解决问题的关键。而技术系统在第一阶段时，往往面临资源的严重匮乏。

2. 一系列"瓶颈"问题的存在

"瓶颈"问题是那些阻碍技术系统进一步发展的关键问题。判别出这些挑战，并且针对这些问题，提出解决方案是技术系统突破性发展的核心。

值得一提的是，在第一阶段，我们常常会遇到一些典型的错误，例如：有时研究者会错误地把还在实验阶段的系统当作是处于第二阶段或第三阶段的成熟系统。因此，我们必须明确处于第一阶段技术系统的特征：

1）系统还未进入市场或只占有受限的小份额。

2）该阶段研究人员努力地改进系统，但系统基本无利润。

3）旧系统的组件直接拿来用在新系统上。

4）系统和超系统中的元素集成在一起——超系统的元素未改变，而是系统改变来适应该元素。

5）系统和当时已经很领先的其他系统的组件相结合。

6）系统的改进量以及改进前后的区别最开始是增长的，后来下降。

此时产品品种少，顾客对产品还不了解，除少数追求新奇的顾客外，几乎无人实际购买该产品。此时生产者为了扩大销路，不得不投入大量的促销费用，对产品进行宣传推广。该阶段由于生产技术方面的限制，产品生产批量小，制造成本高，广告费用大，产品销售价格偏高，销售量极为有限，企业通常不能获利，反而可能亏损。第一阶段的发明级别很高，随着系统的改进，以后各个阶段的发明级别是急剧下降的。在该阶段结束前有一个小幅的回升。而此阶段的成本往往大于收益。

产品处于第一阶段存在上述诸多风险，因此，要求识别出阻止产品进入市场的瓶颈，然后着力消除这些因素。对第一阶段系统，TRIZ理论给予我们如下一些改进技术系统的建议：

1）应该充分利用当时已有的系统部件和资源。

2）多考虑和当时比较先进的其他系统或部件相结合。

3）主要的精力应放在解决阻碍产品进入市场的瓶颈上。

综上所述，处于第一阶段的技术系统一般都应用了新的操作原理，该阶段也允许对系统及其部件的组成做大的改动。此时明确产品定位对于系统确定最适合的细分市场非常重要。产品定位明确后，可以帮助分析限制系统发展的超系统和自然因素，为突破这些技术瓶颈指明方向。

（二）过渡阶段

在第一阶段之后，技术系统存在一个过渡阶段。处于该阶段的技术系统的

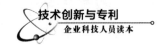
商业价值已经体现和利用在不同的市场区域:一方面,系统发展为几种不同的类型,尽管其中的多数类型会被淘汰;另一方面,受系统中那些瓶颈问题的影响——只有一种类型的系统会在过渡期结束时生存下来。因此,在产品生命周期中存在过渡阶段的主要原因是由于面临着进入或退出市场的抉择,而竞争系统施加的阻力也会增大。

在过渡阶段的技术系统一般有以下一些特征:

1)尝试进入多个细分市场,使S曲线趋于平坦。

2)在该阶段结束的时候,最适应现有超系统的那个系统会生存下来(并不代表这个系统是最有前途的)。

3)该系统的胜利会使其他系统终止或暂时停止发展。

要加快系统进入市场的速度,不只是让系统带来更多的利润。在此阶段,系统只需要有一方面的性能是独特的即可,其他的性能只须达到最低要求,这样,系统会进入某一特定的细分市场。处于过渡阶段的技术系统,一般允许对系统及其部件的组成做大的改动,却不允许改变系统的操作原理。对于技术系统的改变,需要适应和利用已存在的资源。

(三)第二阶段——快速成长期

技术系统发展的第二阶段是快速成长期。由于收益率的提高,投资额也大幅增长,系统充分利用所有可利用的资源,而且特定资源的引入使系统变得更有效,因此处于此阶段的系统其主要参数快速成长,且成本降低,生产量增加,并且系统向新的领域扩展。

1. 判别系统处于第二阶段的指标

1)专利数量迅速增长。

2)发明级别持续降低。

3)系统带来的收益开始上升。

2. 处于第二阶段的技术系统的特征

1)随性能的改进,利润增长与其成正比。

2）系统的类型和应用领域增加。

3）系统各类型间的区别增大。

4）系统会具备一些与主功能相关的附加功能。

5）出现系统专用的资源。

6）当系统和超系统单元结合时，超系统单元会为适应系统而作调整。

3. 处于第二阶段的技术系统优化建议

1）利用折中法就可解决问题，但得到的方案并没有彻底消除存在的问题。

2）可以利用超系统中适合的资源。

3）引入系统专用的资源，并向该方向发展。

处于第二阶段的产品，开始获利，并且开始进入不同的细分市场，此时系统及其部件会有适度的改变。可以说产品生命周期的第二阶段是生命周期中最好的阶段。

（四）第三阶段——成熟期

产品生命周期的第三个阶段称为产品的成熟期，此时技术系统发展缓慢，生产量趋于稳定，产品走入大批量生产并稳定地进入市场销售。经过成长期之后，随着购买产品的人数增多，市场需求趋于饱和。此时，产品普及并日趋标准化，成本低而产量大。销售增长速度缓慢直至转而下降，由于竞争的加剧，导致同类产品生产企业之间不得不在产品质量、花色、规格、包装服务等方面加大投入，在一定程度上增加了成本。同时，技术系统所出现的矛盾会阻碍技术系统的进一步发展。

1. 处于第三阶段的技术系统的特征

1）系统消耗大量的特定资源。

2）超系统部件会刻意适应系统的要求。

3）对系统功能很小的改进都会引起成本的急剧增加。

4）系统具有一些与其主要功能完全不相关的附加功能。

5）系统发展寄希望于新的材料和技术。

6）各代系统的区别主要在于外观。

2．产生这些问题的原因

1）系统性能已接近自然极限。

2）回报率/有害作用的比值快速增长。

3）经济和法律的限制。

4）超系统发生改变。

5）出现的矛盾会阻碍系统的发展。

判别系统处于第三阶段的指标

1）专利数量一直较多。

2）发明级别非常低。

3）系统收益很高。

3．处于第三阶段的技术系统的优化建议

1）降低成本，发展相应的服务子系统，改善外观。

2）寻找基于新的工作原理的系统。

3）对系统进行简化，和其他系统或技术相结合。

（五）第四阶段——衰退期

产品生命周期中的第四阶段称为衰退期，此时的产品一般进入了淘汰阶段。此时技术系统几乎被淘汰，此阶段系统功能和带来的收益都在下降，产品的销售量和利润持续下降，产品在市场上已经老化，不能适应市场需求，市场上已经有其他性能更好、价格更低的新产品，足以满足消费者的需求。此时成本较高的企业就会由于无利可图而陆续停止生产，该类产品的生命周期也陆续结束，以致最后完全撤出市场。

1．第四阶段出现的原因

1）从系统的层面上看，当现有系统处于第四阶段时，一般与此同时的另一个新系统已经发展到第二阶段，迫使现有系统退出市场。

2）超系统的改变导致对系统需求的降低。

3）超系统的改变导致系统生存困难。

2. 处于第四阶段的系统的特征

1）系统仅用于娱乐领域。

2）系统仅用于体育项目。

3）系统用于某特殊领域。

3. 处于第四阶段的技术系统的优化建议

1）寻找系统仍可以应用的领域：如体育、娱乐等。

2）其他建议同第三阶段。

S曲线揭示了任何产品都和生物有机体一样，有一个诞生→成长→成熟→衰亡的过程，描述了技术系统的一般发展规律。借助产品生命周期理论，可以分析判断产品处于生命周期的哪一个阶段，推测产品今后发展的趋势，正确把握产品的市场寿命，并根据不同阶段的特点，为研发决策提供参考作用，不断创新，开发新产品。在现实中，很少有产品会遵循这样一种制定的周期，每一阶段的长度都会有很大变化。当我们充分了解产品生命周期曲线的特点后，就可以充分挖掘产品潜力，设法延长产品的生命周期。

第二节 技术系统进化法则

技术系统是由多个子系统组成的，并通过子系统之间的相互作用实现一定的功能，简称为系统。子系统也是系统，是由元件和操作构成的，系统的更高级系统称为超系统。

技术系统的构成关系可以用图4.3描述。

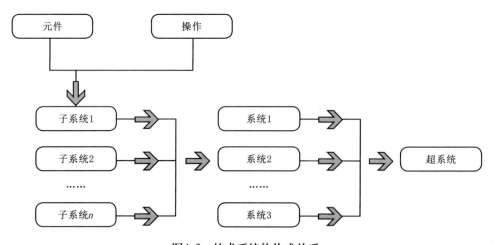

图4.3 技术系统的构成关系

技术系统处于不断的发展与进化过程中，而解决技术系统中存在的矛盾是系统进化的推动力。阿奇舒勒通过对大量专利的研究和分析，发现技术系统的进化和生物系统一样，是按照一定的规律在发展和进化的。他将这些规律进行总结，形成了TRIZ理论中的S曲线和技术系统进化法则。

技术系统进化法则的内容主要体现了产品在实现其相应功能的过程中改进

和发展的趋势。经典TRIZ理论中有八大类技术系统进化法则，分别是技术系统完备性法则、能量传递法则、动态性进化法则、提高理想度法则、子系统不均衡进化法则、向超系统进化法则、向微观级进化法则、协调性进化法则。运用S曲线和这些法则我们可以判断出当前研发的产品处于技术系统进化过程中的哪个阶段，然后基于法则的提示，更好地预测出产品未来的发展方向。

一、技术系统完备性法则

技术系统完备性法则指出，技术系统要实现某项功能的必要条件是：一个完备的技术系统至少包括四部分，分别是动力装置、传输装置、执行装置和控制装置（图4.4）。整个系统需要从能量源接收能量，由动力装置将能量转换成技术系统所需要的使用形式，传输装置将能量传输到执行装置，按照执行装置的特性进行调整，最终作用于产品上。考虑技术系统和环境之间的相互作用以及各子系统之间的相互作用，控制装置提供系统各部分之间的协同操作。为实现对系统的控制，必须至少有一个部分是可控的。

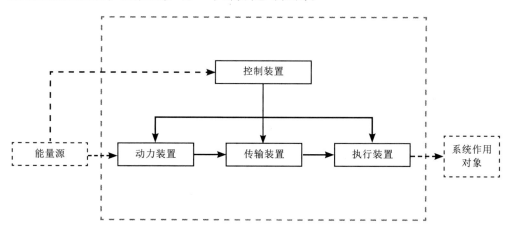

图4.4　一个完备的技术系统的结构

实例：帆船系统

帆船即利用风力前进的船。帆船的主体结构由船体、帆、桅杆、横杆、稳向板、舵等组成，还有缭绳、卸克、斜拉器、滑轮等小配件。

为了简化分析过程，这里对帆船的系统进行简化，系统组件包括：船体、帆、桅杆、舵手、货物。

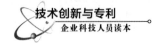

1）系统名称：帆船。

2）系统作用对象：人/（人+物）。

3）功能：运输人/物。

据此，我们按照完备性法则画出这个系统的结构，如图4.5所示。

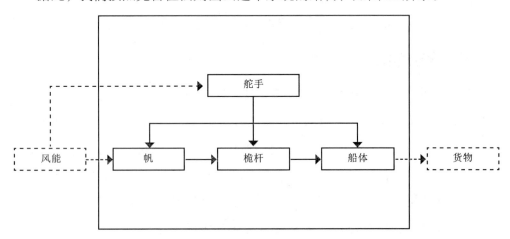

图4.5　帆船工作系统的结构

掌握完备性法则，基于该法则去分析技术系统，有助于我们在设计系统的时候，确定实现所需技术功能的方法，并节约资源，该法则可以帮助我们发现并消除系统中效率低下的技术系统。

二、能量传递法则

技术系统能量传递法则指出，技术系统实现其基本功能的必要条件之一：能量能够从能量源流向技术系统的所有元件。如果技术系统的某个元件接收不到能量，它就不能产生效用，那么整个技术系统就不能执行其有用功能，或者所实现的有用功能不足。

这里需要注意：要使技术系统的某元件具有可控性，必须在该元件和控制装置之间提供能量传递通路。

另外技术系统的进化应该沿着使能量流动路径缩短的方向发展，以减少能量损失。减少能量损失有以下几个途径：

1）缩短能量传递路径，减少传递过程中的能量损失。

2）最好用一种能量（或场）贯穿于系统的整个工作过程，减少能量形式转换导致的能量损失。

3）如果系统组件可以更换，那么将不易控制的场更换为容易控制的场。

实例：风车的能量传递路径

风能是一种清洁的可再生能源，现在，利用风能发电已越来越受到人们的重视。

把风的动能转变成机械能，再把机械能转化为电力动能，这就是风力发电。风力发电的原理是：利用风力带动风车叶片旋转，再透过增速机将旋转的速度提升，来促使发电机发电。依据目前的风车技术，大约是3米/秒的微风速度（微风的程度），便可以开始发电。风力发电正在世界上形成一股热潮，因为风力发电不需要使用燃料，也不会产生辐射或带来空气污染。

风力发电所需的装置，称作风力发电机组。这种风力发电机组，大体上可分为风轮(包括尾舵)、发电机和铁塔三部分。大型风力发电站基本上没有尾舵，一般只有小型（包括家用型）才会拥有尾舵。

风轮是把风的动能转变为机械能的重要部件，它由两只(或更多只)螺旋桨形的叶轮组成。当风吹向桨叶时，桨叶上产生气动力驱动风轮转动。桨叶的材料要求强度高、重量轻，目前多用玻璃钢或其他复合材料(如碳纤维)来制造。现在还有一些垂直风轮，S形旋转叶片等，其作用也与常规螺旋桨形叶片相同。

由于风轮的转速比较低，而且风力的大小和方向经常变化，又使转速不稳定，所以，在带动发电机之前，还必须附加一个把转速提高到发电机额定转速的齿轮变速箱，再加一个调速机构使转速保持稳定，然后再连接到发电机上。为保持风轮始终对准风向以获得最大的功率，还需在风轮的后面装一个类似风向标的尾舵。

铁塔是支承风轮、尾舵和发电机的构架。它一般修建得比较高，目的是获得较大的和较均匀的风力。铁塔高度视地面障碍物对风速影响的情况，以及风轮的直径大小而定，一般在6～20米。

发电机的作用，是把由风轮得到的恒定转速，通过升速传递给发电机均匀运转，因而把机械能转变为电能。

了解了能量传递法则，我们在设计和改进系统的时候，首先要确保能量可

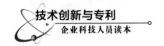

以流向系统的各个元件，然后通过缩短能量传递路径的方式，提高能量的传递效率，这样使系统的各个元件都能为技术系统的正常工作提供最高的效率。

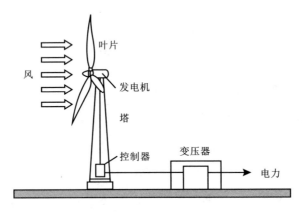

图4.6　风车的工作原理

三、动态性进化法则

技术系统的动态性进化法则指出，技术系统的进化应该沿着结构柔性、可移动性、可控性增加的方向发展。运用动态性法则的目的是为了适应各种环境或工作条件，调节系统组件达到最佳工作状态，调整系统参数与变化的环境参数更加精确地匹配。

动态性进化路线如下：

1）提高结构柔性和可移动性路线。

2）提高可控性路线。

1. 提高柔性

提高系统柔性的进化过程如图4.7所示。

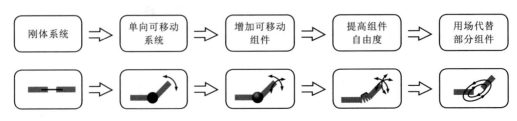

图4.7　系统的柔性进化路线

2. 提高可控性

提高可控性法则指出：技术系统的进化应该沿着增加系统内各部件可控性的方向发展。可控性进化的过程如图4.8所示。

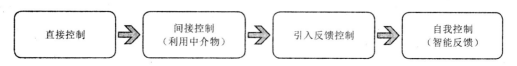

图4.8　提高可控性的进化路线

在自我控制系统中，自动控制系统和各种物理、化学效应的应用提供了自我可控性。反馈装置是技术系统实现自我可控性的一个必要条件。

实例：温室天窗

温室天窗的进化如图4.9所示。

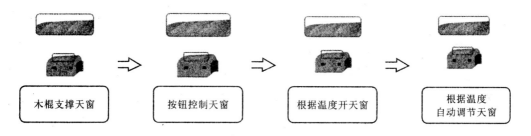

图4.9　温室天窗的进化路线

四、提高理想度法则

提高理想度法则指出，技术系统朝着提高系统理想度的方向进化。那么，什么是理想度呢？通常我们采用下面的公式来衡量产品的理想化程度。

$$理想度 = \frac{\sum 有用功能}{\sum 有害作用 + COST}$$

产品是某种有用功能实现的载体，按照理想度的概念，最理想的产品应该是这样的：该产品作为实体并不存在，但是其有用功能仍然能够实现。我们称这种情况下的产品为最理想的产品，这种状况下的设计方案称为最终理想结果。实际上，最理想的产品或者技术系统在实际中是不存在的，但最终理想结果是产品设计的一个努力方向。

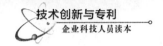

提高理想度法则是所有其他进化法则的基础，可以把它看作是技术系统进化的最基本法则，而技术系统进化的其他法则揭示了提高技术系统理想度的具体方法。

随着系统的进化，要提高其理想度，可以在不削弱系统主要功能的前提下，简化掉系统的某些组件或操作。

1．简化子系统的路线

简化子系统的路线如图4.10所示。

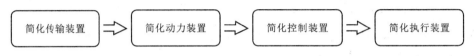

图4.10　简化子系统的路线

2．简化操作的路线

简化操作的路线如图4.11所示。

图4.11　简化操作的路线

3．简化低价值组件的路线

简化低价值组件的路线如图4.12所示。

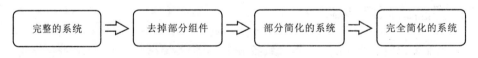

图4.12　简化低价值组件的路线

五、子系统不均衡进化法则

每个技术系统都是由多个实现不同功能的子系统组成的，很多时候，需要对系统的某一特定参数进行改进，这就要求实现这一参数的子系统更加完善。在这种情况下，这个子系统的进化会比其他的子系统迅速。

子系统不均衡进化法则证实，任何技术系统各子系统的进化都不是同步的、均衡一致的，每个子系统都是沿着自己的S曲线向前发展的；技术系统的这个不均衡进化经常会导致子系统之间出现矛盾；技术系统整体进化的速度取决于最不理想子系统的进化速度。这个法则在技术系统发展和进化的各个阶段都适用。

利用这一法则，可以帮助设计人员及时发现技术系统中不理想的子系统。并对其改进或以较先进的子系统替代这些不理想的子系统，使我们能够以最小成本实现对这一特定参数的改进。

实例：飞机的进化

飞机的发明是20世纪最伟大的发明之一，1903年美国莱特兄弟制造出了第一架依靠自身动力进行载人飞行的飞机"飞行者1号"，并且获得试飞成功，从此开始了人类能够像鸟儿一样展翅飞翔的新时代。

飞机的发展经历了多次的改善，才发展到今天的技术水平。在飞机发展初期，发动机功率低、重量大，建造机体的材料大多是木材和蒙布。为解决升空问题，需要较大面积的机翼，才能够在低速条件下产生足够的升力，由此出现了双翼飞机、三翼飞机。此后，随着飞机发动机性能的提升，飞机的速度不断提高，双翼机支柱和张线的阻力越来越大，大机翼成为提高速度的主要障碍。从20世纪30年代起，双翼机逐渐被单翼机取代。

在两次世界大战的推动下，活塞式发动机不断被改进和完善，得到迅速发展，第二次世界大战结束前后达到其技术的顶峰。在第二次世界大战结束后发动机功率提高到2500千瓦左右，飞行高度可达15000米，飞行速度接近800千米/时，已经接近了螺旋桨飞机的速度极限（800千米/时以下）。因此，为了继续提高飞行速度，必须寻求新的动力装置，于是喷气式发动机诞生了，飞机进入了喷气式时代。第二次世界大战之后，随着涡轮喷气发动机的发展，活塞式发动机逐渐退出了航空领域的霸主地位。

飞机进入喷气式时代后，其飞行速度迅速提高，但是由于"激波"和"音障"的存在，飞行速度又受到了限制。后掠翼和三角翼的使用解决了上述问题。

六、向超系统进化法则

系统在进化的过程中，可以和超系统的资源结合在一起，或者将原有系统中的某子系统分离到某超系统中，这样能够使子系统摆脱自身进化过程中存在的限制要求，让其更好地实现原来的功能。向超系统进化有两种方式：第一种是技术系统的进化是沿着单系统→双系统→多系统的方向发展的；第二种是技术系统进化到极限时，实现某项功能的子系统会从系统中剥离，转移至超系统，作为超系统的一部分，在该子系统的功能得到增强改进的同时，也简化了原有的技术系统。

1. 单系统→双系统→多系统的进化路线

1）合并系统的参数差异增加进化路线。

合并系统的参数差异如图4.13所示。

图4.13　合并系统的参数差异增加进化路线

2）合并系统的功能差异增加进化路线。

合并系统的功能差异如图4.14所示。

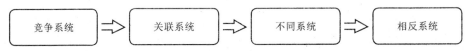

图4.14　合并系统的功能差异增加进化路线

3）合并系统的集成深度增加进化路线。

合并系统的集成深度如图4.15所示。

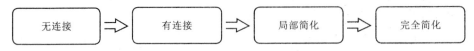

图4.15　合并系统的集成深度增加进化路线

2. 合并→简化

合并→简化的线路如图4.16所示。

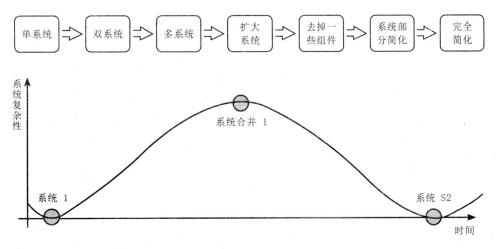

图4.16　合并→简化的路线

当系统可用资源逐渐枯竭，需要新的资源来支撑系统继续发展，如通过增加功能或降低花费来提高价值时，技术系统的进化是沿着单系统→双系统→多系统的方向发展的；技术系统通过与超系统组件合并来获得资源，超系统会提供大量的可用资源，技术系统进化到极限时，实现某项功能的子系统会从系统中剥离，转移至超系统，成为超系统的一部分。

向超系统进化可以发生在技术系统进化的任何阶段。向超系统进化法则是系统进化的一种方式，该法则与其他技术系统进化法则结合起来，适用于预测技术系统的整体进化。

实例：汽车的进化

◎ 1885年，德国工程师卡尔·本茨（1844—1926），尝试把发动机安装在三轮车上，制成了世界第一辆汽车。这辆汽车具备了近代汽车的一些基本特点，如火花点火、水冷循环、钢管车架、后轮驱动、前轮转向、带制动手把等。

◎ 1886年，德国另一位工程师哥特里布·戴姆勒（1834—1900）制成了世界上第一辆以汽油发动机驱动的四轮汽车。

◎ 1888年，法国标致汽车公司成立，次年研制成功齿轮变速器、差速器。

◎ 1891年，开始采用前置发动机后轮驱动，并开发出摩擦片式离合器。

◎ 1893年，发明了化油器。

◎ 1895年，开发出充气式橡胶轮胎。

◎ 1896年，首次采用石棉制动片和转向盘。

◎ 1898年，路易斯·雷诺创建雷诺汽车公司，发明汽车传动轴，雷诺1号车采用了箱式变速器、万向节传动轴和齿轮主减速器。

◎ 1902年，开始采用流传至今的狄第安后桥半独立悬架。

◎ 1905年，发明了带钥匙的点火开关。

◎ 1911年，发明了自动起动机，雨刷、制动灯、反光镜等也逐渐在这一时期被开发和使用。

◎ 1913年，发明人字形齿轮。

◎ 1922年，在仪表板上出现了燃油表。

◎ 1926年，汽车上开始有了液压制动器。

◎ 1929年，凯迪拉克公司首先研制出同步器。

◎ 1929年，出现了车用收音机。

◎ 1952年，座椅安全带在美国问世。

◎ 1954年，燃油喷射式发动机问世。

渐渐地，现代汽车的基本要素均已具备。随着汽车的不断发展，人们开始追求外形、色彩的多样化以及乘坐的舒适性、操纵的便利性。车身变得越来越长，越来越低，车身的整体和刚度增强，其振动和噪声不断下降，车身变化越来越快，各种变型车和选用款式纷纷出现。

七、向微观级进化法则

向微观级进化法则指出，技术系统及其子系统在进化发展过程中向着减小元件尺寸的方向发展，即元件从最初的尺寸向原子、基本粒子的尺寸进化，同时能够更好地实现相同的功能。

向微观级进化路线如图4.17所示。

图4.17　向微观级进化路线

实例：金属切削刀具的进化

金属切削刀具的进化如图4.18所示。

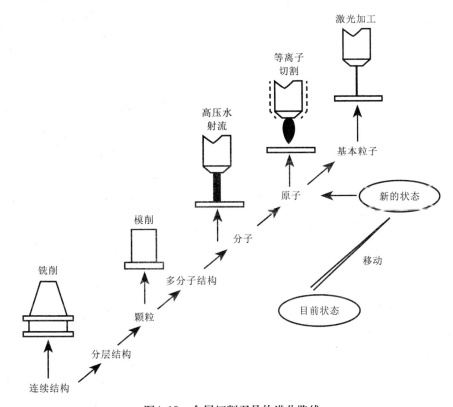

图4.18　金属切削刀具的进化路线

八、协调性进化法则

协调性进化法则指出，技术系统向着其子系统各参数协调、系数参数与超系统参数相协调的方向发展进化。进化到高级阶段的技术系统的特征：子系统为充分发挥其功能，各参数之间要有目地相互协调或反协调，能够实现动态调整和配合。

1．形状协调进化路线

形状协调进化路线如图4.19所示。

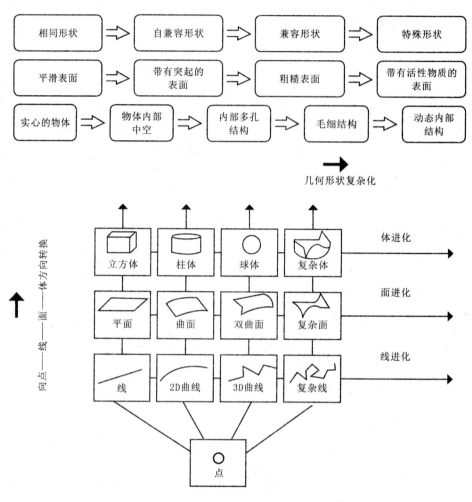

图4.19 形状协调进化路线

2. 频率协调进化路线

频率协调进化路线如图4.20所示。

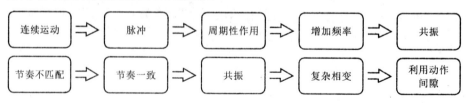

图4.20 频率协调进化路线

3. 材料协调进化路线

材料协调进化路线如图4.21所示。

图4.21　材料协调进化路线

实例：鼠标的进化

鼠标的进化如图4.22所示。

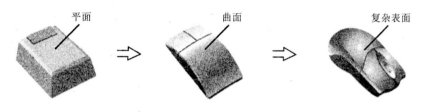

图4.22　鼠标的进化

实例：无线悬浮鼠标

无线悬浮鼠标是由俄罗斯设计师设计的，这个鼠标由一个悬浮导航器和磁力底圈组成，可以预防并治疗腕管综合征（正中神经功能障碍）。活跃的计算机使用者很容易患上这种疾病，这个设计通过提高人体工学的控制，来消除因使用鼠标而带来的手部麻木感、刺痛、虚弱或肌肉损伤。

第三节 技术矛盾

生活中会经常见到很多矛盾。矛盾一词来源于《韩非子·难一》。楚国有一个人既卖矛，也卖盾，他见到人就夸他的盾最坚固，什么样的矛都刺不进；同时，他又夸他的矛最锐利，什么样的盾都能刺穿。于是有人就问他："用你的矛来刺你的盾，那会怎么样呢？"当然那个楚国人无言以答。自此，人们用矛盾比喻相互抵触、互不相容的关系。

工程中同样存在矛盾。TRIZ把工程中常见的矛盾分为几种，最主要的两种是技术矛盾和物理矛盾。为了解决技术矛盾，TRIZ理论给出了矛盾矩阵这种工具，运用矛盾矩阵可以找到解决某技术矛盾的相应方法，即创新原理。经典TRIZ理论给我们提供了40条创新原理，将在本章第四节详细介绍。

一、技术矛盾

当我们想要改善技术系统中某一特性、某一参数时，常常会引起系统中另一特性或参数的恶化，于是技术矛盾就出现了。如驾驶汽车的时候，一些人喜欢高速驾驶。有关数据显示，很多交通事故都是由于驾驶人员高速驾驶而引起的。在这个例子中，高速驾驶改善的参数是速度，速度是我们希望提高的参数，与此同时恶化的参数是安全性，这是我们不希望看到的结果。所以速度和安全性这两个参数就构成了技术矛盾。类似的例子存在于很多行业中。

1）制造业：很多工业产品的表面需要进行抛光处理。有时候为了达到很高的光洁度，就需要花费大量的时间用于抛光。这里，改善的参数是光洁度，恶化的参数是时间，技术矛盾是光洁度和时间两个参数之间的矛盾。

2）电子业：显示器是很多电子设备需要配备的部件之一。在一些情况下，显示器的亮度越高越好，但是一些说明书中常建议不要使用过高的亮度，否则容易造成显示器更快速地老化，缩短显示器的使用时间。这个系统中的技术矛盾是亮度与时间两个参数的矛盾。

3）能源业：随着人们对现有矿产的不断开采，矿产资源越来越匮乏，为了开采到好的矿产资源，就需要更复杂的流程和设备。所以技术矛盾是改善了矿产资源的数量，但是导致系统复杂性的恶化。

4）农业：害虫是影响粮食产量的重要原因。为了保证农作物的正常成长，常用的做法是喷洒各种农药。但是农药会残留在农作物上，影响人和其他动物的健康。这里，改善的参数是害虫造成的农作物损失，恶化的参数是农药残留对人类和其他动物健康的损害。

从上面的例子中，我们可以看出技术矛盾描述的是两个参数之间的矛盾。

二、39个通用技术参数

阿奇舒勒在分析了大量的专利后发现，工程中存在着大量的工程参数，每个行业、领域都有很多工程参数。为了方便定义技术矛盾，阿奇舒勒对大量专利文献进行分析后，陆续总结出39个参数，把它们称为39个通用技术参数（表4.1）。通过分析表明，利用39个通用技术参数，就足以描述工程领域中出现的绝大部分技术矛盾。可以说，39个通用技术参数是连接具体问题与TRIZ的桥梁，是打开问题之门的第一把金钥匙。借助于39个通用技术参数可将一个具体的问题转化并表达为标准的TRIZ问题。39个通用技术参数配对组合，产生了大约1500对标准的技术矛盾。

表4.1　39个通用技术参数

编号	名称	编号	名称	编号	名称
1	运动物体的重量	6	静止物体的面积	11	应力或压强
2	静止物体的重量	7	运动物体的体积	12	形状
3	运动物体的长度	8	静止物体的体积	13	稳定性
4	静止物体的长度	9	速度	14	强度
5	运动物体的面积	10	力	15	运动物体的作用时间

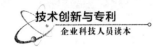

（续表）

编号	名称	编号	名称	编号	名称
16	静止物体的作用时间	24	信息损失	32	可制造性
17	温度	25	时间损失	33	操作流程的方便性
18	照度	26	物质的量	34	可维修性
19	运动物体的能量消耗	27	可靠性	35	适应性及通用性
20	静止物体的能量消耗	28	测量精度	36	系统的复杂性
21	功率	29	制造精度	37	控制和测量的复杂性
22	能量损失	30	作用于物体的有害因素	38	自动化程度
23	物质损失	31	物体产生的有害因素	39	生产率

现在以飞机的一个问题为例，来说明39个通用技术参数的作用。为了增加飞机外壳的强度，一种方法是增加飞机外壳的厚度，但是这样会造成飞机重量的增加。我们发现改善的参数是强度，在39个通用技术参数中对应的是14号参数。恶化的是重量。查询通用技术参数，发现有两个参数都包含重量，分别是"1. 运动物体的重量"和"2. 静止物体的重量"。经过判断，我们选择1号参数，即运动物体的重量。所以，这个问题转化成标准的技术矛盾：改善了强度，恶化了运动物体的重量。通用技术参数的简明注释见表4.2。

表4.2　39个通用技术参数的简明解释

编号	名称	解释
i	静止物体	位移不发生变化的物体
ii	运动物体	位移发生变化的物体
1	重量	重力场中的物体受到的重力
3	长度	物体上的任意线性尺寸，如厚度、长度、周长
5	面积	物体上的任意表面积量度，如平面、凸面或凹面
7	体积	物体占用的空间
9	速度	物体的位移或过程与时间的比值
10	力	改变物体运动状态的作用
11	应力或压强	单位面积上的作用力，也包括张力
12	形状	一个物体的轮廓或外观
13	稳定性	物体的组成、结构及外形随时间的变化
14	强度	物体抵制外力破坏的能力
15	作用时间	物体连续完成某种功能的时间
17	温度	物体所处的热状态，代表宏观系统热动力平衡的状态特征。还包括其他热学参数，比如影响温度变化速率的热容量

编号	名称	解释
18	照度	照射到某一表面上的光通量与受光表面面积的比值。包括亮度、反光性和色彩等
19	能量消耗	物体连续执行给定功能所需的能量
21	功率	物体在单位时间内所做的功
22	能量损失	做无用功消耗的能量，这部分能量没有实现有用功能
23	物质损失	物体的组成部分或全部损失
24	信息损失	某种数据部分或全部、永久或临时的损失，如气味的浓度、声音的大小的损失等
25	时间损失	一项活动所延续的时间间隔，即没有实现有用功能而浪费的时间
26	物质的量	物体（系统）的材料、物质、部件或子系统的数量
27	可靠性	物体（系统）在规定的方法和状态下完成规定功能的能力。可靠性常常可以理解为无故障操作概率或无故障运行时间
28	测量精度	系统特性的测量结果与实际值之间的偏差程度
29	制造精度	所制造的产品的性能结果与设计预定结果的偏差程度
30	作用于物体的有害因素	环境或超系统中其他部分施加于物体的（有害）作用，它使物体的功能参数退化
31	物体产生的有害因素	技术系统本身产生的对本系统或超系统的有害作用
32	可制造性	制造某种物体的过程的方便或者简易程度
33	操作流程的方便性	在保证质量不变的情况下，操作过程中需要的人数、操作步骤、工具越少，代表方便性越高
34	可维修性	出现故障后，可以很方便、很简单、在很短时间内进行维修
35	适应性及通用性	物体（系统）响应外部变化的能力，或适应各种外部变化的能力
36	系统的复杂性	系统数量多，各部分关系复杂，不容易进行分析，不容易了解系统的结构
37	控制和测量的复杂性	不容易对物体进行测量；不容易将某性能控制在某个范围内
38	自动化程度	物体（系统）在无人操作的情况下自身执行有用功能的能力
39	生产率	单位时间内系统执行的功能或者操作的数量

三、技术矛盾的解题流程

定义技术矛盾的步骤：

步骤一：问题是什么？

步骤二：现有解决方案是什么？

步骤三：现有解决方案的缺点是什么？

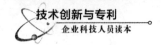

从步骤二中找出此技术系统的现有解决方案改善的参数A，从步骤三中找出现有的解决方案恶化的参数B，A与B构成了一对技术矛盾。

如何解决问题中的技术矛盾呢？TRIZ理论提供了矛盾矩阵工具及创新原理方法。整个解题过程是：对一个初始的实际问题进行分析，可以使用我们前面介绍过的因果分析/功能分析等方法，通过这些分析方法找到问题的切入点，使用定义技术矛盾的三个步骤将问题转化为技术矛盾这种问题模型，然后利用矛盾矩阵，查找到解决技术矛盾的方法，这些方法即40个创新原理。整个解题流程见图4.23。在利用矛盾矩阵时，需要将一般性的技术矛盾转化为利用39个通用技术参数描述的技术矛盾（TRIZ中标准的技术矛盾）。

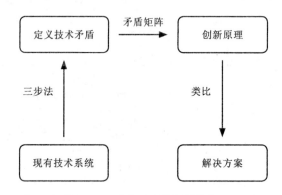

图4.23 技术矛盾的解题流程

第四节　创新原理

一、创新原理的由来

　　因为工程中存在大量技术矛盾，所以就需要一种针对技术矛盾的方法。阿奇舒勒曾经在苏联的海军专利局工作，接触过很多发明家。他常常思考一个问题，发明家到底采用了什么方法解决问题呢？于是，他研究了大量世界各国的专利，得出一个重要结论。尽管大量专利的问题各不相同，尽管这些问题来自不同的行业，但是用来解决这些问题的方法却是相同的。于是阿奇舒勒开始对这些方法进行总结和抽取，并最终找到了40个解决问题时最常用的方法。他把这40种方法称作40个创新原理。在实践中人们发现，创新原理是解决技术矛盾的最行之有效的创造性方法。

表4.3　40个创新原理

编号	名称	编号	名称	编号	名称
1	分割	10	预先作用	19	周期性作用
2	抽取	11	事先防范	20	有效作用的连续性
3	局部质量	12	等势	21	减少有害作用的时间
4	增加不对称性	13	反向作用	22	变害为利
5	组合	14	曲面化	23	反馈
6	多用性	15	动态特性	24	借助中介物
7	嵌套	16	未达到或过度的作用	25	自服务
8	重量补偿	17	空间维数变化	26	复制
9	预先反作用	18	机械振动	27	廉价替代品

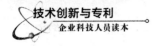

（续表）

编号	名称	编号	名称	编号	名称
28	机械系统替代	33	均质性	38	强氧化剂
29	气压和液压结构	34	抛弃或再生	39	惰性环境
30	柔性壳体或薄膜	35	物理或化学参数改变	40	复合材料
31	多孔材料	36	相变		
32	颜色改变	37	热膨胀		

二、40个创新原理及实例

下面是对40个创新原理的具体介绍，大部分创新原理包括几种具体应用方法。本节将对每个创新原理作简单介绍，并给出应用实例。

原理编号：1

原理名称：分割原理

原理描述：

分割原理指将一个系统虚拟地或真实地分割成若干部分，以便抽取或合并一种有用的或有害的系统属性。在通常情况下，可对分割后的各部分进行重组，以执行某些新的功能，或解决某一问题。

（1）把一个物体分成相互独立的部分。

1）将巨型载重汽车分解成卡车及拖车。

2）在大型项目中设置多个子项目。

（2）将物体分成容易组装和拆卸的部分。

1）由很多零散的夹块制成的夹具可以加紧各种工件。

2）消防器材中铅管的可快速拆卸连接。

（3）提高物体的可分性。

用活动百叶窗替代整体窗帘。

使用技巧：

评价待分割的系统，以便对包含难题的系统部分进行改动。例如，若系统面临的问题是重量过大，则可评价分割系统的各种方式，以便提供若干足够轻便的子系统；若系统对实际操作而言体积过大，则可想各种办法把系统分割为多个部分，以便每一部分均易于操作。

分割原理有着广泛的应用范围和领域，它不仅适用于几何概念上的分割，也可用于非实体领域，如心理学上对观念的分割及合并。

注释：

请注意，在下面的实例中，系统并不一定是物理形式的，也可能是概念上的。

实例：可组装的家具

利用船、火车、汽车运输的家具成本都较高，这是因为在运输过程中，其占用的空间很大。将这些家具设计为可组装的形式，即可提高运输效率。

原理编号：2

原理名称：抽取原理

原理描述：

抽取原理是从整个系统中分离出系统的有用部分（或属性）或有害部分（或属性）。抽取能以虚拟方式或实物方式来进行。

（1）从物体中抽出产生负影响的部分或属性。

1）在空气压缩机工作时，将其产生噪声的部分即压缩机移到室外。

2）在发生交通事故的时候把容易引起爆炸的油箱扔掉。

（2）从物体中抽出必要的部分或属性。

1）用电子狗代替真狗充当警卫，以减少伤人事件的发生和环境污染。

使用技巧：

为现有系统增加价值，首先识别一个系统中的有用部分（或属性）或有害部分（或属性）。然后分析该部分（或属性）的具体特性，以便将其轻松抽取出来。

注释：

在我们所作的介绍中，在原理之间有一定的重叠度，其目的是在求解复杂问题时能够提供一种更为综合的方案。在此给出第一个实例。抽取原理与分割原理非常相似，但区别是重要的。两种原理均将整个系统分离成若干部分，抽取原理是将一个或多个部分去除，而分割原理提供其他可选方案。

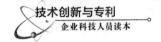

实例：搜索关键字

现在的网络搜索技术大都是基于关键字的，从一个基于关键字（属性）的数据库中抽取信息（有用部分），即你想寻找的信息。这是一种虚拟方式的抽取。

原理编号：3

原理名称：局部质量原理

原理描述：

改变系统的局部特性（如气体、液体或固体），以便获得某种所需的功能性，发挥系统的最大效能。

（1）将物体、环境或外部作用的均匀结构变为不均匀的。

让系统的温度、密度、压力由恒定值改为按一定的斜率增长。

（2）让物体的不同部分各具不同功能。

1）带橡皮的铅笔。

2）羊角锤（既可起钉子，又可钉钉子）。

（3）让物体的各部分处于执行各自功能的最佳状态。

在食盒中设置间隔，在不同的间隔内放置不同的食物，避免相互影响味道。

使用技巧：

此原理的名称是从俄文逐词译的，因而有可能表达不准确。该名称叫做"资源最优化原理"可能更为合适，这是因为当运用此原理时，系统各个部分与功能只能在特定位置或特定时间发挥所需的作用。

通过改变不同特征（特性），让它们在不同位置、不同时刻相互作用，我们可获得所需的功能，最大限度地提高效率。

实例：坦克

很多作战坦克各个位置的装甲厚度是不一样的，要根据不同位置在防护上的需求而定。例如，M1A2坦克侧面装甲厚度是正面装甲的1/3，后部装甲仅为正面装甲的1/6。

原理编号：4

原理名称：增加不对称性原理

原理描述：

增加不对称性原理涉及从各向同性到各向异性的转换，或是与之相反的过程。各向同性指物体的物理、化学等方面的性质不会因方向的不同而有所变化的特性，即某一物体在不同的方向所测得的性能数值完全相同，亦称均质性。各向异性指物体的全部或部分物理、化学等性质随方向的不同而表现出差异的特性。

（1）将物体的对称外形变为不对称的。

为增强混合功能，在对称容器中用不对称的搅拌装置。

（2）增强不对称物体的不对称程度。

为增强防水保温性，建筑上采用多重坡屋顶。

注释：

我们见到的自然界中的事物形态，总具有对称美的特点。在此熏陶之下，对称成为人们审美的重要法则。许多设计人员在解决问题时自然就会把对称元素融入到设计当中，而不管其是不是最高效的。

增加不对称性不但可以应用于实物几何结构，也可针对于任何非几何因素。增加不对称性原理可以用来减少材料用量、降低总重量、改变平衡，能够确保正确装配，对零件进行检测及定位等。

许多工程技术人员作出对称设计解决方案时，并未意识到自己可能受到思维惯性的影响。如果您在自己的思维中发现了这种趋向性，请加以注意并对其进行处理。

实例：不对称滤干架

把滤干架设计成一头高，一头低，餐具洗后放在架子上，水渍会顺着倾斜的缝隙流到水池中，而不会积在中间。

原理编号：5

原理名称：组合原理

原理描述：

使各系统的功能和特性，全部或部分之间建立一种联系，使其可产生一种新的功能。

（1）在空间上将相同物体或相关操作加以组合。

1）计算机中成百上千的微处理器。

2）戟是戈和矛的合体，兼有戈用于钩、矛用于刺的两种作用。

（2）在时间上将相同或相关操作进行合并。

混凝土搅拌机在运输途中进行搅拌。

使用技巧：

考虑当前系统及其提供的性能，结合当前系统操作空间或时间进行组合。

实例：衣帽钩

把衣帽钩设计成硕大的J字造型，下端的弯钩可以挂衣帽，上端是木头夹子，用来夹住信件、备忘录之类的东西。

原理编号：6

原理名称：多用性原理

原理描述：

使一个物体具有多项功能，消除了该功能在其他物体内存在的必要性（进而裁剪其他物体）。

1）可移动的儿童安全椅，既可放在汽车内，拿出汽车外也可单独作为儿童车使用。

2）企业中的复合型人才。

使用技巧：

多用性原理不承认这样的假定——每个事物均是独立的，且只具有有限的用途。对系统分析时，可从系统多用性和系统局部多用性考虑。

实例：防弹背包

背包采用防弹材料制成，把它背在身上能保护重要器官免受流弹伤害。在包上设置了一个帽子，可以通过拉绳迅速翻开，盖在头上，以保护头颈部位。对那些在不稳定的地区生活的人们来说，防弹背包非常实用。

原理编号：7

原理名称：嵌套原理

原理描述：

嵌套是让系统间彼此吻合，以便对空间进行有效应用。

（1）把一个物体嵌入另一物体，然后将这两个物体再嵌入第三个物体，以此类推。

俄罗斯套娃。

（2）让某物体穿过另一物体的空腔

1）卷尺。

2）汽车安全带。

3）抽屉。

使用技巧：

嵌套原理可以帮助我们打破"一个系统的内部必须是均质的"或"系统的内部不能有东西"的思维局限。

对一个系统进行评价，以确定怎样基于嵌套原理来增加系统的价值。考虑不同方向上（如水平、垂直、旋转或包容）的嵌套。通常应用嵌套来节省空间，保护对象不受损伤。将具有不同功能的多个对象嵌套在同一个对象内，可以使该对象产生更多样、独特的功能。

实例：一站式菜板

在菜板下方安装几个储存抽屉，可以把切好的食物分门别类装在里面。

原理编号：8

原理名称：重量补偿原理

原理描述：

对系统进行等效补偿。

（1）将某一物体与另一能提供升力的物体组合，以补偿其重量。

用氢气球悬挂广告牌。

（2）通过与环境（利用空气动力、流体动力或其他力等）的相互作用实现物体的重量补偿。

1）飞机的机翼。

2）轮船应用阿基米德定律产生可承重千吨的浮力。

使用技巧：

寻求对抗或平衡的方式。利用相反的作用以减弱或增强某种效应。重量补偿原理常应用于机械行业，利用空气、重力、流体等产生作用，抵消现有系统/超系统/环境中的有害作用。此原理可应用于机械问题，也可用于商业问题、人际关系等。

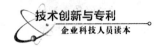

实例：漂浮画刷

在刷子杆的下半部设计一个球状空腔，可以提供足够的浮力，让刷子竖直漂浮在水中，避免弄得到处是颜料，方便再次使用。

原理编号：9

原理名称：**预先反作用原理**

原理描述：

了解可能出故障的地方，并预先采取相反的行动来消除、控制或防止故障的出现。

（1）事先施加机械应力，以抵消工作状态下不期望的过大应力。

酸碱缓冲溶液。

（2）如果问题定义中需要某种作用，那么事先施加反作用。

在灌注混凝土之前，对钢筋预加应力。

使用技巧：

此原理用来消除、控制或防止非所需功能、事件或状况在未来的出现。预先了解哪些地方可能是出故障的关键，对潜在故障模式进行模拟。这可包括：回顾已知故障；通过寻找系统中的弱点，有意设想一些新的故障；鉴别潜在的危险状况；评价设备、部件及机构的潜在故障模式；评价自然或人的相互作用（源于改变、应力、中断、危机、厌倦等）可能怎样导致故障模式；考虑不同的能源（机械能、热能、化学能、电能、磁能或电磁能）及其集中、改变、流动、相互作用等可能怎样作用于系统。一旦鉴别出潜在故障，即预先采取行动，消除、控制或防止潜在故障模式的出现。

实例：新材料家具

用新材料制成的家具，平时可以被压成平板，方便运输，需要的时候，将它接上电源，它就能从平板恢复成一个沙发。

原理编号：10

原理名称：**预先作用原理**

原理描述：

在另一事件发生前做好前期准备，保证事件顺利进行。

1）预先对物体（全部或至少部分）施加必要的改变。

2）预先安置物体，使其在最方便的位置开始发挥作用而不浪费运送时间。

使用技巧：

预先作用原理的应用通常是为了提高性能，以及增强安全性、准确性，简化事情的完成过程。使用时可对系统进行评价，寻找一些可提前实施并能提高性能的工作。

实例：再生纸铅笔

再生纸铅笔的笔杆采用六层不同颜色的再生纸制作，在功能上与普通铅笔没有什么两样，但当我们用卷笔刀削它的时候，却能看到一片片像彩虹一样漂亮的笔屑。

原理编号：11

原理名称：**事先防范原理**

原理描述：

采用事先准备好的应急措施，补偿物体相对较低的可靠性。

使用技巧：

任何事物都不是完美无缺的。在许多情况下，一个简单系统的可靠性是能控制的。然而，复杂或大系统的可靠性不可控，存在故障的概率增大。如果这种故障不能完全消除，进行防范或补偿是非常重要的。

实例：变色手套

在一些工作环境中会存在有毒物质，比如毒气，而大部分有毒物质，可能是无色无味的，不易被迅速判断出来。变色手套上涂有一种特殊的合成指示剂，一旦遇到一氧化碳、硫化氢之类的东西，会发生反应变色，提醒人们注意。

原理编号：12

原理名称：**等势原理**

原理描述：

分析系统所处的势能环境，充分利用势能增加系统能效。

1）在一个系统或过程的所有点或方面建立均匀位势，以获得某种系统增益。

2）在系统之内建立关联，以支持相等位势。

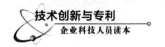

3）建立连续及完全互连的关联及联系。

使用技巧：

运用等势原理：是以最低的能量消耗来实施一个过程。也可以通过环境或系统所提供的资源，消除有害作用。

实例：梯级船闸

在有船闸的航道上，船只上行时，先将闸室泄水，待室内水位与下游水位齐平，开启下游闸门，船只进入闸室。然后关闭下游闸门，向闸室灌水，待闸室水面与上游水位相齐平时，打开上游闸门，船只驶出闸室，进入上游航道。

原理编号：13

原理名称：反向作用原理

原理描述：

施加一种相反作用。

1）用相反的动作代替问题定义中所规定的动作。

2）让物体或环境可动部分不动，不动部分可动。

3）将物体上下颠倒或内外翻转。

使用技巧：

此原理是最重要的TRIZ创新原理之一：逆向思维。分析现有方式或过程，尝试以一种相反的方式或过程，解决固有的问题。

分析一个系统的各个部分、各种作用、各个作用对象、各个特征或各种状态，以确定对其以某种方式反转后是否会增加价值。通过使用逆向思维来获得新功能、新特征、新作用及新对象。

实例：能除尘的电钻

这种电钻与普通电钻的不同之处是多了一个附加的把手，这把手自带一个喇叭口状的吸尘套。使用的时候，电钻的钻头穿过吸尘套，电钻本身会带动把手中的涡轮旋转，产生吸力，把钻孔过程中产生的灰尘全部吸到把手下部的空仓中。钻孔结束时，只需要将把手中的灰尘倒入垃圾桶就行了。

原理编号：14

原理名称：曲面化原理

原理描述：

以曲线或球面属性取代线性属性。

1）将物体的直线、平面部分用曲线或球面代替，变平行六面体或立方体为球形结构。

2）使用滚筒、球、螺旋结构。

3）改直线运动为旋转运动，应用离心力。

使用技巧：

应用此原理不要局限于形状，可以将线性结构转化成曲面、球面及螺旋等结构。

在系统中寻找线性、平面及立方体形状，然后尝试变为非线性状态后可以实现哪些新的功能性。

实例：旋转楼梯

有一种用于室内的旋转楼梯，占地仅1米^2，不仅节约空间，而且攀爬时比折叠梯子更安全。

原理编号：15

原理名称：动态特性原理

原理描述：

使一个系统、一种状态或一种属性变为临时的、可动的、自适应的、柔性的或可变的。

（1）调整物体或环境的性能，使其在工作的各阶段达到最优状态。

自动调焦相机。

（2）分割物体，使其各部分可以改变相对位置。

偏转翼飞机。

（3）一个物体整体是静止的，使其移动或可动。

转椅。

使用技巧：

动态特性原理是关于可变性、可动性和自适应性的创新原理，经常用来处

理与时间安排相关的问题。运用此原理时可尝试使系统变得更动态；使系统中的某些部分成为可动的，特征成为柔性的；使系统可兼容或可适应于不同的应用或环境，获得更高的性能；使某个部分执行多种功能，或是为该部分增加更多特征；使几何结构成为柔性的、可动的、可自适应的。

还可以研究一下，当相同的部分执行多种功能后会发生什么。对于一个往复运动的部分，则可以考虑使其旋转。

实例：伸缩插头

如果电源插头可以像卷尺一样随意伸缩，就再也不用担心冗长的电线了。

原理编号：16

原理名称：未达到或过度的作用原理

原理描述：

运用"多于"所需的作用或物质，然后对结果进行处理。运用"少于"所需的作用或物质，然后对结果进行处理。

如果所期望的效果难以百分之百实现，稍微超过或稍微小于期望效果，会使问题大大简化。

使用技巧：

此原理在不能获得准确数量的情况下是颇有价值的。在这些情况下探求下列可能，以便获得所需结果。

1）尝试允许"多于"准确数量。

2）尝试允许"少于"准确数量。

3）考虑使用"更少"，然后再使用"更多"。

4）考虑使用"更多"，然后再减少到"更少"。

从获得最易获得的东西的角度思考，然后若有必要则寻找一种方式，以便在所需的一个或多个方向上进行一次或多次渐进式调整。在许多情况下，进行渐进式调整的最简易方法就是使用一种不同形式的能量（或多种不同形式能量的组合），能量可来自于机械场、热场、化学场、电场、磁场或电磁场。

实例：防溅雨伞

在很多时候，雨不是竖直下落，而是被风吹得斜斜地打来，伞下的人身上常被淋湿。防溅雨伞相当于给普通雨伞增加了一个侧翼，不论雨是从头顶还是侧面落下，伞下的人总能获得更大的遮挡面积。

原理编号：17

原理名称：空间维数变化原理

原理描述：

将一个线性系统的方位由垂直变为水平，由水平变为倾斜，由水平变为垂直。

1）将物体变为二维（如平面）运动，以克服一维直线运动或定位的困难，或过渡到三维空间运动以消除物体在二维平面运动或定位的困难。

2）单层排列的物体变为多层排列。

3）将物体倾斜或侧向放置。

4）利用给定表面的反面。

使用技巧：

此原理不止涉及几何学，还包括新的、有影响的特性与/或参数的增加、附加变量、新的相互作用及场等。

对一个系统进行评价，以发现新的能够增加系统价值的变量，如改善空间的使用效率、可达性等。找寻将新的变量经过不同方向的变换以达到目的的方法。如果将一个对象转换到一个新的维度上还不能满足要求，则对其进行第二次或第三次转换。考虑使用一个表面或对象的另一个不同侧面。

实例：可变换包装的方便面

方便面一般有两种包装形式：袋装和桶装。袋装不方便泡，而桶装虽然可以直接泡，但是在储存和运输过程中却浪费空间。可变换包装的方便面，其包装使用了一种具有形状记忆功能的新材料，用它来包装方便面，仍然可以做成袋装的形式，但当向顶部注水孔注入开水后，包装就会变成一个碗。

原理编号：18

原理名称：机械振动原理

原理描述：

运用振动或振荡，以便获得一种规则的、周期性的变化。

1）使物体处于振动状态。

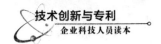
2）如果已处于振动状态，改变频率与振幅。

3）利用共振频率。

4）用压电振动代替机械振动。

使用技巧：

需要对机械振动原理进行发散思考。不仅针对机械振动，当本原理与"15 动态特性原理"及/或"19 周期性作用原理"组合时，会给你带来更多解题思路。

实例：便携式保温杯

便携式保温杯，内置有压电元件，可以将动能转换为电能，利用电能加热或者冰镇杯中的饮料。

原理编号：19

原理名称：**周期性作用原理**

原理描述：

改变一种作用的执行方式，以获得某种所需结果。

1）用周期性动作或脉冲动作代替连续动作。

2）如果周期性动作正在进行，改变其运动频率。

3）利用脉冲周期中的暂停来执行另一有用动作。

使用技巧：

若一种作用是连续的，则考虑使其变为周期性的或脉动的。若一种作用是周期性的或脉动的，则考虑改变其振幅或其频率，然后考虑运用脉冲来改变作用。此外，考虑将均匀与随机模式应用于振幅及频率，以产生所需结果。

实例：防抱死刹车系统

防抱死刹车系统是一种具有防滑、防锁死等优点的汽车安全控制系统。它既有普通制动系统的制动功能，又能防止车轮锁死，使汽车在制动状态下仍能转向，防止产生侧滑和跑偏。

原理编号：20

原理名称：**有效作用的连续性原理**

原理描述：

产生连续流与/或消除所有空闲及间歇性动作，以提高效率。

1）物体的各个部分同时满载持续工作，以提供持续可靠的性能。

2）消除空闲和间歇性动作。

使用技巧：

任何过渡过程，尤其是从零开始的或使流中断的过渡过程，均可损害一个系统的效率。因此，需要搜寻动态系统的非动态时刻或已损失能量（动作）并将其消除。

实例：网络计算

分布式计算是一门计算机科学，它研究如何把一个需要非常巨大的计算能力才能解决的问题分成许多小的部分，然后把这些部分分配给许多计算机进行处理，最后把这些计算结果综合起来得到最终的结果。最近的分布式计算项目已经被用于使用世界各地成千上万位志愿者的计算机的闲置计算能力。通过因特网，您可以分析来自外太空的电讯号，寻找隐蔽的黑洞，并探索可能存在的外星智慧生命；您可以寻找超过1000万位数字的梅森质数；您也可以寻找并发现对抗艾滋病病毒的更为有效的药物。这些项目都很庞大，需要惊人的计算量，仅仅由单个的电脑或是个人在一个能让人接受的时间内计算完成是不可能的。

网格计算（Grid Computing）正是基于这一思想，将世界上成千上万的闲置计算机资源组合起来解决问题的。

原理编号：21

原理名称：减少有害作用的时间原理

原理描述：

若某事物在一个给定速度下出现问题，则使其速度加快。

使用技巧：

如果一个动作或流程执行期间出现有害（或危险）功能。寻找各种方式来改变其速度，加快这一进程。

实例：激光——最快的光

激光最初的中文名叫"镭射"、"莱塞"，是它的英文名称LASER的音译，此英文名称取自英文Light Amplification by Stimulated Emission of Radiation的各单词首字母组成的缩写词。意思是"通过受激发射光扩大"。迄今为止，激光已经对我们的生活产生了重大而深远的影响，从机械加工到激光测距，从激光照排全息照相到医学应用，从激光通信、电子工业到激光武器，无不显示出激光技术的强大。以医学应用为例，目前，不仅在外科手术中可以使用激光刀，在医学整容、皮肤、牙科、眼科等很多方面都可以看到激光技术的大量使用。在外科手术中激光刀与传统手术方式相比，不仅可以快速切割皮肤组织，而且在切割的同时对皮肤进行了灼烧，以此封闭血管避免造成出血，同时也降低了感染的概率。

原理编号：22

原理名称：变害为利原理

原理描述：

害处已经存在，寻找各种方式，用它来增加价值。

（1）利用有害的因素（特别是环境中的有害效应），得到有益的结果。

1）废热发电。

2）回收废物二次利用，如再生纸。

（2）将两个有害的因素相结合进而消除它们。

1）潜水中用氮氧混合气体，以避免单用造成潜水员昏迷或中毒。

2）以毒攻毒。

（3）增大有害因素的幅度直至有害性消失。

森林灭火时用逆火灭火：在森林灭火时，为熄灭或控制即将到来的野火蔓延，燃起另一堆火将即将到来的野火的通道区域烧光。

使用技巧：

自然界中并没有定义何为好，何为坏。好与坏是相对的，存在于一定的环境下。寻找对环境有消极影响的东西，如废弃的材料、能量、信息、功能、空间、时间等。考虑使一种有害作用与其他作用相结合从而将其消除，以便解决问题。

实例：狗拖把

狗拖把每套四个，将它们套在狗的四只脚上，狗一边在家溜达一边就把地拖了。

原理编号：23

原理名称：反馈原理

原理描述：

将一种系统的输出作为输入返回到系统中，以便增强对输出的控制。

（1）在系统中引入反馈。

1）声控开关。

2）出租车上的时速提示系统。

3）自动控制系统。

（2）如果已引入反馈，改变其大小或作用。

1）在5千米航程范围内，改变导航系数的敏感区域。

2）自动调温器的负反馈装置。

使用技巧：

获取系统中的任何改变的信息，用来执行矫正系统的行为输入参数。可以使作用更精确，系统更加智能。

实例：心跳咖啡杯

咖啡中的咖啡因是一种中枢神经兴奋剂，如果过度摄入，会引起心跳过快。心跳咖啡杯在手柄位置装有传感器，每次用手握住杯子的时候，传感器就能通过手指测出人的心跳数值，并在杯子侧面显示出来，提示喝咖啡的人判断自己是否已经喝得太多了。

原理编号：24

原理名称：**借助中介物原理**

原理描述：

在不相容的系统、功能之间建立一个可轻松消除的临时媒介物。

（1）使用中介物实现所需动作。

1）用刷子涂眼影和腮红。

2）用镊子拔眉毛。

（2）把一物体与另一容易去除的物体暂时结合。

方便拿纸杯的杯托。

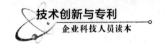

使用技巧：

首先寻找哪些相关系统、功能不相容或不匹配，然后确定可以用于不匹配系统之间的媒介物。通过媒介物消除不相容现象。

实例：不会被手弄脏的隐形眼镜

佩戴隐形眼镜时得用手指托住镜片戴到眼球上，在这个过程中，手指成为最大的污染源。为解决这个问题，新型隐形眼镜包装变成了一个小套子，撕开后可套在手指末端，避免手指直接接触镜片。

原理编号：25

原理名称：自服务原理

原理描述：

在执行主要功能（或操作）的同时，以协同或并行的方式执行相关功能（或操作）。

（1）让物体通过执行辅助或维护功能为自身服务。

自补水和排水的洗衣机。

（2）利用废弃的能量与物质。

1）利用发电过程产生的热量取暖。

2）用动物的粪便做肥料。

使用技巧：

可利用或采用一个系统的基本功能来实现自服务或辅助服务，关注物理、化学或几何的一些效应。自服务在两个级别上起作用：①主要功能。②相关或并行功能。

注释：

有时很难将自服务与反馈区分开。实际上，自服务采用了某种反馈，但是却没有一个特定的反馈系统。

实例：洪水安全路标

洪水安全路标是一种能安装在道路路基上的自动信号灯系统，平时并不会点亮，当大雨导致道路被淹，路标浸入水中后，其内置的水电池（水燃料电池）就会工作供电，点亮LED。人们可借助水底的灯光辨别道路的安全范围，防止酿成事故。

原理编号：26

原理名称：**复制原理**

原理描述：

利用一个复制品或模型来代替成本过高而不能使用的事物。

（1）用经过简化的廉价复制品代替复杂的、昂贵的、不方便的、易碎的物体。

1）虚拟现实系统，如虚拟飞行训练系统。

2）看电视直播，而不到现场。

（2）用光学复制品（图像）代替实物或实物系统，可以按一定比例扩大或缩小图像。

1）用卫星图片代替实地考察。

2）由图片测量实物尺寸。

（3）如果已使用了可见光复制品，用红外光或紫外光复制品代替。

利用紫外光诱杀蚊蝇。

使用技巧：

如果系统某部分属于稀缺资源、成本过高或易损坏，就需要找到某种廉价的、成本低的或耐用的复制品来代替。要注意考虑改变复制物的比例。同时，不要光考虑实物模型，还可以考虑计算机模型、数学模型、流程图或其他能够满足要求的模拟技术。

实例：灭蚊灯

新型灭蚊灯通过模仿人的呼吸、体温及利用蚊子最喜欢的光波长来诱捕蚊子，高效又环保。

原理编号：27

原理名称：**廉价替代品原理**

原理描述：

运用较廉价的、较简单的或较易处理的对象，以便降低成本、增强便利性、延长使用寿命等。

可用若干便宜的物体代替昂贵的物体，同时降低某些质量要求（如工作寿命）。

1）一次性的物品（如一次性的餐具）。

2）假发。

3）IT工作中的外包与外协。

使用技巧：

关注系统中的高成本材料（气体、液体、固体），寻找能提供系统所需结果的廉价材料。或者，将高成本材料替代以许多廉价材料，这些廉价材料放置、分布或排列的方式可使其产生协同作用，从而提供所需特性。

实例：实用的勺子

一次性塑料勺要超过20年才能分解，而由玉米粉、面粉、发酵粉、糖、盐、鸡蛋、牛奶、香料和香草混合制作的勺子，生物降解比较容易，并且可以直接食用。

原理编号：28

原理名称：机械系统替代原理

原理描述：

利用物理场或其他的形式、作用和状态来代替机械的相互作用、装置、机构及系统。

（1）用光学/视觉系统、声学/听觉系统、电磁系统、味觉系统或嗅觉系统代替机械系统。

1）用声控开关代替机械开关。

2）在煤气中掺入难闻气体，警告使用者气体泄漏（替代机械或电子传感器）。

（2）使用与物体相互作用的电场、磁场、电磁场。

混合两种粉末：用电磁场代替机械震动使粉末混合均匀。

（3）用运动场代替静止场，时变场代替恒定场，结构化场代替非结构化场。

早期的通信系统用全方位检测，现在用特定发射方式的天线。

（4）场与铁磁粒子的联合使用。

用不同的磁场加热含磁粒子的物质，当温度达到一定程度时，物质变成顺磁，不再吸收热量，可达到恒温的目的。

使用技巧：

首先着眼于用物理场替代某机械相互作用、装置、机构或系统。若一个系统已被替代，不能提供应有的功能，则此原理可提供多种可能性来进行附加改变。

若不存在要替代的机械系统，则看看是否可通过利用某种生物（人、动物、昆虫、植物等）感觉来实现替代：视觉/光学，听觉/声音，触觉/肤觉，嗅觉/气味，或是味觉。例如，将一种机械工具替代为一种视觉或嗅觉工具。

并且考虑，在替代时运用与某一或某些物质或对象相互作用的热场、化学场、电场、磁场或电磁场（或是它们的任意组合）。

要考虑由恒定场转变为可变或可动场，以及由非结构化场转变为结构化场。并且，考虑利用场来合并具有场活性的物质——气体、液体、固体。

在非物理系统中，在概念、价值或属性的替代方面进行思考。

实例：便携式声学成像仪

机动车在行驶中有时会出现异响，周期性地出现一下，但不易找到原因。便携式声学成像仪能帮助人们找到任何声音的来源。只要将它对准需要分析的对象，比如汽车发动机，它就能在计算机上生成声音的分布图，并据此寻找异响的来源。

原理编号：29

原理名称：气压和液压结构原理

原理描述：

运用空气或液压技术来替代普通系统元件或功能。

将物体的固体部分用气体或流体代替，如充气结构、充液结构、气垫、液体静力结构和流体动力结构。

1）汽车减速时液压系统储存能量，在汽车加速时再释放能量。

2）运输易损物品时，经常使用发泡材料保护。

3）充气枕头、水枕头。

使用技巧：

利用系统的可压缩性或不可压缩性属性，改善系统。

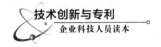

实例：气囊包装袋

设计师为一款知名运动鞋设计了新颖的气囊包装，将跑鞋封装到了一个透明气囊中，让跑鞋看上去就像是悬浮在空中。

原理编号：30

原理名称：**柔性壳体或薄膜原理**

原理描述：

将传统构造替换为薄膜或柔性/柔韧壳体构造。可以利用一层薄膜或一个柔性/柔韧壳体使一个对象与其环境隔离。

（1）使用柔性壳体或薄膜代替标准结构。

1）布衣柜。

2）简易储物袋。

（2）使用柔性壳体或薄膜，将物体与环境隔离。

在冰箱保存食物的保鲜袋、保鲜膜。

使用技巧：

在一个采用传统构造的系统内。哪些类型的薄膜或柔性/柔韧壳体构造能改进工艺、降低成本或提高可靠度？怎样将一个问题与其环境隔离，能否提供一种解决方案？怎样才能利用薄膜或柔性/柔韧壳体执行该任务？

实例：液体防弹衣

液体防弹衣采用了一种名为"剪切增稠液"的液体材料，该液体在受到子弹冲击时会变硬从而起到阻挡子弹的作用。液体防弹衣可以为穿着者提供更有效的保护，同时又能保证他们自由灵活地运动。

原理编号：31

原理名称：**多孔材料原理**

原理描述：

通过增强其多孔性（产生孔穴）而改变一种气体、液体或固体的状况。

（1）使物体变为多孔性或加入多孔物体（如多孔嵌入物或覆盖物）。

1）为减轻物体重量，在物体上钻孔，或使用多孔性材料。

2）建筑用的多孔砖。

（2）如果物体是多孔结构，在小孔中事先填入某种物质。

用海绵储存液态氮。

使用技巧：

可通过产生孔穴、气泡、毛细管等，来增强介质的多孔性。这些孔隙可不包含任何实物粒子（可以是真空），也可以充满某种能够提供一种或多种有用功能的气体、液体或固体。多孔性还可存在于许多级别上，从微观到宏观（钻制孔或蜂窝结构）。此原理不仅可以用于机械系统，还可以用于任何多孔资源、物质、空间、时间、信息、场或功能。

实例：抗湿车座

一到下雨，自行车座极易被打湿。抗湿车座采用密集的乙烯—醋酸乙烯（EVA）材质孔状结构，能迅速通过孔洞排掉座上的积水，面上少留甚至不留水渍。

原理编号：32

原理名称：颜色改变原理

原理描述：

改变对象或系统的颜色，以便提升系统价值，或解决检测问题。

（1）改变物体或环境的颜色。

1）在暗室中使用安全灯，做警戒色。

2）变色龙。

（2）改变物体或环境的透明度。

感光太阳镜。

（3）利用着色剂观察难以观察到的对象或过程。若已应用此类着色剂，可引入发光示踪剂或示踪原子。

用紫外光笔辨别伪钞。

使用技巧：

改变系统或部件颜色，以便区分多种系统特征。考虑：改变颜色怎样促进检测、改善测量或标志位置？可以检测哪些问题？可以指示哪些状态改变？

实例：新型保温壶

在传统保温水壶中间增加隔层，把它分成左右两个隔温的部分，左边装温水或者开水，右边装凉水。盖子的设计，使在旋转的时候，出水口会分别经过

左右两侧，于是，经过左边的时候，可以倒温水，经过右边的时候，则可以倒凉水。同时，杯子侧面还有两种颜色的水温标示，避免弄错。

原理编号：33

原理名称：均质性原理

原理描述：

若两个或多个对象或者两种或多种物质彼此相互作用，则其应包含相同的材料、能量或信息。

在相互作用的物体上由相同材料或特性相近的材料制成。

1）方便面的料包外包装用可食性材料制造。

2）用金刚石切割钻石，切割产生的粉末可以回收。

使用技巧：

利用此原理时，首先分析系统各个物质组成成分，然后寻找具有相同或相似成分的物质。相似指两种材料或属性足够接近，不会产生大的有害因素。

实例：可吸收医用缝合线

外科手术中使用的缝合线一般为羊肠线或丝线，很难被人体吸收，所以在伤口愈合后需要再拆线。可吸收医用缝合线是利用重组DNA技术生产的生物聚合物制成的手术缝合线，在人体内不会引起排斥反应或过敏反应，免去了患者的拆线之苦。

原理编号：34

原理名称：抛弃或再生原理

原理描述：

抛弃或再生原理事实上是两条原理合二为一的。抛弃是从系统中去除某事物；再生是将某事物恢复到系统中进行再利用。

（1）采用溶解、蒸发等手段抛弃系统中已完成功能的多余部分，或在系统运行过程中直接修改它们。

1）可溶性的药物胶囊。

2）火箭助推器在完成其作用后立即分离。

（2）在工作过程中迅速补充系统或物体中消耗的部分。

1）自动铅笔。

使用技巧：

时间在该原理的应用中的作用非常关键。抛弃与再生是主要围绕时间来操作的。一旦一种功能已完成，我们可以将其从系统中抛弃掉。相反，一旦需要一种功能时立即对其进行恢复以进行再利用。

实例：新型碳纳米管材料

新型碳纳米管材料可以像布料一样应用，并能利用材料两面的温差来发电，如环境温度和人体温度之间有差异，就能产生电，为小型电子设备（如蓝牙）提供足够的电量。

原理编号：35

原理名称：**物理或化学参数改变原理**

原理描述：

改变一个对象或系统的物理或化学属性，提供一种有用的作用。

（1）改变聚焦态（物态）。

1）石油气用液态运输，不用气态运输以减少体积和成本。

2）用液态的肥皂水代替固体肥皂，可以定量控制使用，减少浪费。

3）固态水。

（2）改变浓度或密度。

在水中加入气泡，以减少水对船的阻力。

（3）改变系统的柔性。

硫化橡胶改变了橡胶的柔性和耐用性。

（4）改变温度。

1）用冰箱改变食物保存时的温度。

2）降低医用标本保存温度，以备后期解剖。

使用技巧：

系统或对象属性包括一个对象的物理或化学状态、密度、导电性、机械柔性、温度、几何结构等。应考虑需求什么，系统内部有哪些资源（属性）可以用来满足这种需求，以及这些属性与希望实现的新功能性之间存在什么联系。

实例：超级纤维

碳纳米管韧性很高，导电性极强，场发射性能优良，兼具金属性和半导体

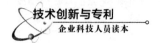

性，强度比钢高100倍，密度只有钢的1／6，被誉为"超级纤维"。

原理编号：36

原理名称：相变原理

原理描述：

利用一种材料或情况的相变，来实现某种效应或产生某种系统改变。

利用物质相变时产生的某种现象，如体积改变，吸热或放热。如使用干冰灭火。

使用技巧：

相变原理与物理或化学参数改变原理相似，但是相变更多应用相变过程中衍生的现象，吸收或释放热量、改变体积以及产生一种有用的力等。典型的相变包括：

1）气体到液体，以及相反过程。

2）液体到固体，以及相反过程。

3）固体到气体，以及相反过程。

实例：金属发汗材料

金属发汗材料是由高熔点金属和低熔点金属复合构成的一种特殊散热材料。当这种复合材料在高温下工作时，低熔点金属蒸发吸热，可以冷却材料表面。

原理编号：37

原理名称：热膨胀原理

原理描述：

将热能转换为机械能或机械作用。

（1）使用材料的热膨胀或热收缩特性。

1）在寒冷的地方铺设光纤时，需要在管道旁边挖一些小的沟壑。

2）北方的水泥街道需要在一定的长度内放置隔条。

（2）组合使用不同热膨胀系数的几种材料。

双金属片。

使用技巧：

此原理更为一般的形式，是将一种形式的能量转换为另一种形式的能量，以便产生某种特殊（特定）结果（输出）。

实例：装在轴上的轴承

安装在轴上的轴承（轴承与轴具有不同的热膨胀系数），在工作过程中其膨胀的速度要比轴慢，从而产生更为紧密的配合，使得轴和轴承之间的接合更为紧密。

原理编号：38

原理名称：加速氧化原理

原理描述：

加速氧化过程（增加氧化作用的强度），以改善系统的作用或功能。

（1）用富氧空气代替普通空气。

1）为持久在水下呼吸，在水中呼吸器中储存浓缩空气。

2）用乙炔—氧代替乙炔—空气切割金属。

3）缺氧人群可以使用吸氧机。

（2）用纯氧代替富氧空气。

用高压纯氧杀灭伤口厌氧细菌。

（3）将空气或氧气用电离放射线处理，产生离子化氧气。

1）使用离子空气清新机。

2）在化学实验中使用离子化氧气加速化学反应。

（4）用臭氧替代离子化氧气。

臭氧溶于水中去除船体上的有机污染物。

使用技巧：

确定氧化剂当前的水平，然后评估提高氧化水平可产生的影响。

实例：钢闸门的抗氧化措施

钢闸门长期使用后会发生氧化，针对钢闸门的保护，可使用阴极保护法。它利用一种更为活泼的金属，如锌等，连接在钢闸门上。当发生电化腐蚀时，被腐蚀的是比铁更活泼的金属，从而使钢闸门得到保护。

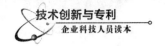
原理编号：39

原理名称：**惰性环境原理**

原理描述：

制造一种中性（惰性）环境，以便支持所需功能。

（1）用惰性环境替代通常环境。

用氩气等惰性气体填充灯泡，做成霓虹灯。

（2）使用真空环境。

把钨丝灯泡内部抽成真空。

使用技巧：

使用此原理前，首先要了解系统的相关风险——到底是什么妨碍了所需功能的实现。然后，确定哪些东西是需要保护的。最后，为相关参数制造一种惰性环境。

考虑各种可用的环境类型：真空、气体、液体、固体。固体惰性环境包括中性涂层、微粒或要素。需要全封闭的环境还是局部的环境。不仅要考虑化学惰性环境，还要考虑不产生有害作用的环境。考虑对非自然系统而言，如何制造一个惰性环境以支持所需功能。

实例：惰性环境在生产中的应用

在许多生产过程中都使用了惰性环境，例如：

1）在热处理过程中，使用惰性气体来控制零件的氧化，还可以降低火灾或爆炸的风险。

2）在铸铁车间，在装满铁水的容器的上方，用氩气代替空气，形成惰性环境。

3）在飞机油箱中，利用氮气和二氧化碳可以控制氧气的含量，防止燃油意外燃烧。

原理编号：40

原理名称：**复合材料原理**

原理描述：

将均质材料变为复合材料。如用复合材料代替均质材料，如玻璃钢、陶瓷合金、金属合金等。

使用技巧：

对此原理更宽泛的理解是改变材料的成分。

注释：

该原理与创新原理"33均质性原理"相反。

实例："天使"水龙头

"天使"水龙头采用了自动控制的方案，手伸过去就出水，拿开就停，特别适合上肢残障人士使用。在它背面有一个可以拆卸清洗的软性硅胶垫，上面有凸起的小颗粒，即便是单手操作，也能利用这块垫子彻底地对手进行搓洗。

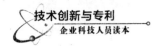
第五节　物理矛盾

　　物理矛盾是针对系统的某个参数，提出两种不同的要求。物理矛盾是常见的矛盾之一。当对一个系统的某个参数具有相反的要求时就出现了物理矛盾。例如，马戏表演时，既需要狮子表现出必要的野性，又不能伤害驯兽员，这时要求狮子即要有野性又不能表现野性，这就是一个物理矛盾。飞机的起落装置在飞机起飞和降落时是必需的，但是在飞机飞行的过程中是不需要的，也就是既需要起落装置又不需要起落装置，这也是一个物理矛盾。

　　通过上面实例可以看出，物理矛盾是对技术系统的同一参数提出相互排斥的需求的一种物理状态。无论对于技术系统宏观参数，如长度、导电率、摩擦系数等，还是对于描述微观量的参数，如粒子浓度、离子电荷、电子速度等，都可以对其中存在的物理矛盾进行描述。

　　物理矛盾反映的是唯物辩证法中的对立统一规律，矛盾双方存在两种关系：对立的关系及统一的关系。一方面，物理矛盾讲的是相互排斥，即同一性质相互对立的状态，假定非此即彼；另一方面，物理矛盾又要求所有相互排斥和对立状态的统一，即矛盾的双方存在于同一客体中。

一、物理矛盾的定义

　　定义物理矛盾，可以分为四个步骤。

　　步骤一：进行技术系统的因果分析。

　　步骤二：从因果轴定义出技术矛盾。

A+   B-

B+   A-

步骤三：提取物理矛盾。在这对技术矛盾中找到一个参数及其相反的两个要求。

C+

C-

步骤四：定义理想状态。提取技术系统在每个参数状态的优点，提出技术系统的理想状态。

工程系统中常常遇到各种问题，如何将一个问题转换成物理矛盾是非常重要的。针对某种实际的问题情境，一般可以通过以上步骤逐步完成对其中物理矛盾的准确描述，这里以汽车制造过程中的一个问题为例。

在制造汽车的时候，特别是制造重型卡车的时候，需要汽车非常坚固，并且能承载更多的货物。所以一般大型汽车、重型卡车需要运用大量的钢材来制造更大更厚实的车厢。但是这样会使汽车重量增加，在行驶的过程中需要耗费更多的燃油。

针对这样的实际问题，将它转换成物理矛盾的时候，就需要找到某一个有对立要求的参数。我们按照以上步骤找到这个对立的参数。

这一实例中存在的技术矛盾是：强度与运动物体的重量。

物理矛盾可以简单表述为：卡车车身的材料密度既要是高的，同时又要是低的。

二、技术矛盾与物理矛盾的关系

物理矛盾和技术矛盾是相互联系的（图4.24）。例如，为了提高子系统Y的效率，需要对子系统Y加热，但是加热会导致其邻近子系统X的降解，这是一对技术矛盾。同样，这样的问题可以用物理矛盾来描述，即温度要高又要低。高的温度提高Y的效率，但是恶化X的质量；低的温度不会提高Y的效率，也不会恶化X的质量。所以技术矛盾与物理矛盾之间是可以转化的。在很多时候，技术矛盾是更显而易见的矛盾，而物理矛盾是隐藏得更深入的、更尖锐的矛盾。

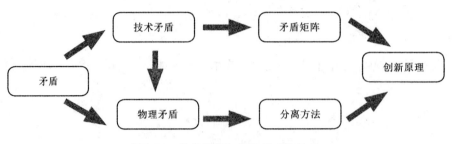

图4.24　技术矛盾与物理矛盾的关系

第六节　分离方法

物理矛盾的解决方法一直是TRIZ研究的主要内容，解决物理矛盾的核心思想是实现矛盾双方的分离。现代TRIZ在总结解决物理矛盾的各种方法的基础上，提炼出了分离方法，分为四种基本类型：空间分离、时间分离、条件分离和系统级别分离。下面将对这四种基本的分离方法分别具体介绍。

一、空间分离

空间分离是将矛盾双方在不同的空间上分离。当关键子系统矛盾双方在某一空间只出现一方时，可以进行空间分离。

例1：轮船与声呐探测器的分离

在利用轮船进行海底测量工作的过程中，早期是把声呐探测器安装在轮船上的某个部位，这样在实际测量时，轮船本身就会成为干扰源影响到测量的精度和准确性。解决的方法之一是轮船利用电缆拖着千米之外的声呐探测器，由此在黑暗的海洋中来感知外部世界的信息。因此，被拖拽的声呐探测器与产生噪声与轮船在空间上就处于分离状态，互不影响，实现了矛盾的合理解决。

例2：双光眼镜、双焦点眼镜

一些患有屈光不正的中老年人看远处和近处物体时，需要戴不同度数的两副眼镜，更换时拿上拿下极不方便。在眼镜历史上，美国的富兰克林首先提倡双光眼镜，又称为富兰克林型眼镜。所谓双光眼镜，指这些眼镜于同一镜片上有两种屈光度数（远视及近视），矫正远距离视力的屈光度数通常在镜片的上方，矫

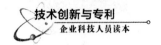

正近距离视力的屈光度数则设在镜片的下方。由于同一镜片上同时包括远及近的屈光度数，交替看远处和近处时不需更换眼镜，比单光眼镜更方便。

例3：破冰船

北美和北欧国家常利用北冰洋运输货物，但每年北冰洋的结冰期超过半年，传统的运输方法是，破冰船在前面冰中开出一条通道，货船跟随其后。破冰船在铺满厚冰的水道上前进，速度只有3.704千米/时。希望能够提高速度至少到11.112千米/时，当然越快越好。

由于破冰船引擎在目前的工业水平下是效率最高的，因此无法再提高它的引擎性能。从减小冰对船身的阻力角度考虑可以减小船身的宽度，但是这样会降低船的稳定性。

下面是一种解决方法：将船身进行空间分离，与冰接触的部分变窄，以减小冰对船的阻力；与水接触的部分应该是宽的，以保持船的稳定性。

图4.25 运用空间分离原理设计的破冰船

二、时间分离

时间分离指矛盾双方在不同的时间段上分离，以降低解决问题的难度。当关键子系统矛盾双方在某一时间段上只出现一方时，可以进行时间分离。

例1：折叠式自行车

折叠式自行车在行走时体积较大，在储存时因已折叠所以体积变小。行走与储存发生在不同的时间段，因此采用了时间分离原理。

例2：重型舰载机

为了有更好的承载能力，提供更大的升力，舰载机的机翼越大越好，但为了在航空母舰有限的面积上多停些飞机，舰载机的机翼又越小越好。用时间分离可解决这个物理矛盾，在航空母舰上机翼可以折叠存放，在飞行时飞机机翼再打开。

三、条件分离

条件分离指将矛盾双方在不同的条件下分离，以降低解决问题的难度。当关键子系统矛盾双方在某一条件下只出现一方时，可以进行条件分离。

例1：研磨剂物态

在喷砂处理工艺中，必须使用研磨剂，但是在完成喷砂工艺之后，产品内部或一些凹处会残留一些研磨剂。在这里希望研磨剂在喷砂时是固态的，这样可以很好地完成打磨工作，而在打磨后研磨剂应该是气态的，这样就不会影响后续的工艺。所以，可以通过改变研磨剂的物态来解决这个问题。

例2：水的软与硬

在水与跳水运动员所组成的系统中，水既是硬物质，又是软物质，这取决于运动员入水时的相对速度。相对速度高，水是硬物质，反之是软物质。

四、系统级别分离

系统级别分离指将矛盾双方在不同的层次分离，以降低解决问题的难度。当矛盾双方在关键子系统层次只出现一方，而该方在子系统、系统或超系统层次内不出现时，可以进行系统级别分离。

例1：自行车链条

自行车链条在微观层面上是刚性的，在宏观层面上是柔性的。

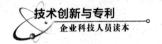
例2：专用转换装置

自动装配生产线与零部件供应的批量化之间存在矛盾。自动生产线要求零部件连续供应，但零部件从自身的加工车间或供应商运到装配车间时要求批量运输。专用转换装置可以接受批量零部件，并连续地将零部件输送给自动装配生产线。

五、矛盾实例：咖啡壶的设计

设计一个便携式咖啡壶时，会面临冷热物理矛盾。我们希望咖啡在杯子里时尽可能热以便能保温较长时间；同时，我们希望咖啡温度适中，以便饮用时不致烫伤。

解决方法一：空间分离

把咖啡壶分成冷区和热区两部分，在冷区加强对流换热，在热区改善保温效果。

解决方法二：系统级别分离

设计与咖啡壶配套的能迅速制冷的咖啡杯，咖啡壶只需具备保温功能，当咖啡倒入咖啡杯时，可使其迅速降温。用超系统部分来解决问题。

练习题

1. 什么是技术矛盾?

2. 请列举三个技术矛盾的实例。

3. 39个通用技术参数的作用是什么?

4. 什么是物理矛盾?

5. 请简述定义物理矛盾的步骤。

6. 缝衣针的针眼存在什么物理矛盾?

7. 物理矛盾与技术矛盾的关系是怎样的?

8. 矛盾矩阵的作用是什么?

9. 矛盾矩阵的应用方法是什么?

10. 发电机转了上的线圈,随着转子在定子的磁场中旋转切割磁力线,于是在线圈中产生电磁感应,在线圈的闭合回路中形成电流。这就是发电机的基本原理——磁生电。显然,切割磁力线的速度越高(转子的速度越高),产生的电流就越大,发的电量就越多。于是,为了多发电,就应该尽量提高转子的转速。但是提高转子转速会产生很多问题,例如振动、噪声加重。请据此描述一个技术矛盾。

11. 请简述技术系统的进化曲线。

12. 请简述技术系统的八大进化法则。

13. 创新原理的来源是什么?

14. 创新原理的作用和价值是什么?

15. 请列举创新原理在日常生活中的一些应用实例。

16. 问题:不对称卫星在上行方向与下行方向上可提供不同的连接速度。此解决方案允许用户将较小的带宽分配用于数据流量较小的上行传输,而将更大的带宽用于数据流量较大的下行传输。这可作为一种节省成本的方式来进行网络配置,以满足特定的流量需求。请说明此方法使用的是哪条发明原理。

17. 问题:电子邮件可作为计算机病毒的一种载体(中介物)。此中介物为病毒提供了从单点向多点传播的手段。请说明此方法使用的是哪条发明原理。

18. 问题：自动调温器监测温度上的变化。当温度改变时，切换机构向供暖或空调系统发送信号，以对室内的温度进行校正。请说明此方法使用的是哪条发明原理。

19. 问题：商人运用周期性作用来加深人们对其广告及所售商品的印象。一条常常被重复的规则就是"消费者要看它三次后才会购买"。请说明此方法使用的是哪条发明原理。

20. 问题：磁带录音机使用覆有一种磁性材料的一条薄塑料带，当塑料带从一个电磁铁附近经过，电磁铁被声波调制，从而在磁带上产生磁像。当该过程反转时，磁带移动经过一个线圈，在线圈中，变化的磁像感应产生电流，电流随后被放大，从而将记录的声音还原。请说明此方法使用的是哪条发明原理。

21. 问题：通用汽车安装了OnStar电子支持系统，因此车主可进行发动机诊断，为车门解锁，以及联系应急服务机构。请说明此方法使用的是哪条发明原理。

22. 问题：在焊接电子元件之前，用焊剂对表面进行处理（酸蚀处理），以改善焊接点的焊料流动、热量传递及导电性。请说明此方法使用的是哪条发明原理。

23. 问题：电脑屏幕上的缩略图起到节省屏幕空间的作用。请说明此方法使用的是哪条发明原理。

24. 问题：软件原型仅演示软件将怎样工作。真实的软件可能表面上看起来与之相同，但是内部功能却是大不一样的。因此，原型作为一种"廉价替代信息"，传达的是软件开发的最终结果。请说明此方法使用的是哪条发明原理。

第五章

TRIZ的新发展

　　TRIZ是在苏联计划经济体制下形成的，企业间很难存在竞争，但是今天的企业不得不面对残酷激烈的竞争。经典TRIZ对于那些急于学习创新性方法的企业工程师来说，显得过于庞杂，另外，经典TRIZ还存在一些缺陷，如缺少信息技术和生物技术的研究成果等。因此，为了适应现代产品设计的需要，TRIZ不得不进行自身的发展完善，这是当前国际上TRIZ研究的重点之一。目前，现代TRIZ的主要内容包括：系统功能分析、裁剪分析、因果分析、资源分析、MPV分析……由于本书篇幅有限，书中只介绍因果分析及资源分析。

第一节　因果分析

　　工程师面对的技术问题，往往牵涉的因素众多，甚至有时可谓是一团乱麻，使他们陷入"剪不断，理还乱"的困境。这时，关键是理顺问题产生的原因，并充分挖掘技术系统内/外部的资源，找到最有效的解决问题的方案。

　　俗话说：无风不起浪。凡是结果，必然有其原因。通常为了解决某个实际上已经发生的问题，或者是防止某种不太严重的问题升级到无法接受的程度，我们不断寻找问题发生的原因，并形成原因链，分析原因之间的关系，找到根本原因或容易切入的点，直接或间接地提出解决方案。

　　因果分析的目的是：

　　1）发现问题产生的根本原因。

　　2）发现问题产生和发展链中的"薄弱点"。

　　3）最终为解决问题寻找合适的切入点。

　　我们可以通过一些常用的因果分析方法进行因果轴分析，如五个为什么，故障树、鱼骨图、因果矩阵分析、FMEA等。从逻辑上说主要用到的是五个为什么法，还可以参考故障树的结构来分析原因之间的关系，而鱼骨图、因果矩阵、FMEA可以帮助我们结构化地思考原因，避免漏掉一些原因。通过因果分析方法，构建因果链。

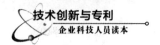

第二节 因果分析步骤

对一个实际问题进行因果分析的步骤如下：

步骤一：原因分析。

步骤二：结果分析。

步骤三：选择解题的切入点。

一、原因分析

这项工作的目的是了解事件的根本原因，确定解决问题的最佳关键点。

1）从问题出发，列出其直接原因。

2）以这些原因为结果，继续进行分析，直至根本原因。

3）根本原因的判定条件是：①当不能继续找到下一层原因时。②当达到自然现象时。③当达到制度/法规/权利/成本等极限时。

4）将每个原因与其结果用箭头连接，箭头从原因指向结果，构成原因链。

如，一幢大楼发生火灾，首先对其进行原因分析，分析过程如图5.1（见下页）所示。

二、结果分析

这项工作的目的是了解不解决此问题可能造成的影响，并寻找可以控制原因发生和蔓延的时机和手段。

1）从目前的现象出发，推测其继续发展可能会造成的各种直接问题。

2）从每个问题出发，按照1）的方法继续分析。

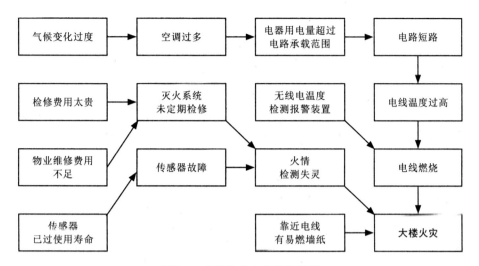

图5.1　大楼发生火灾的原因链

3）结束2）的条件是：①当不能继续找到下一层的结果时。②当达到重大人员、经济、环境损失时。③当达到技术系统的可控极限时。

4）将每个现象与其后果用箭头连接，箭头从现象指向后果，构成结果链。

5）原因链与结果链构成因果轴。

图5.2为对大楼发生火灾的结果链进行的分析。

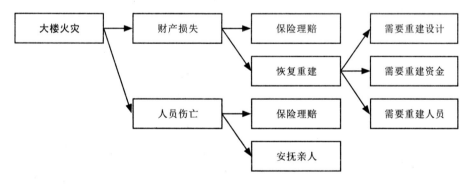

图5.2　大楼发生火灾的结果链

三、因果分析的注意点

1）如果因果关系不能确定，需要增加其他方法进行分析。

A. 定性分析方法：鱼骨图、因果矩阵、失效模式与影响分析等。

B. 定量分析方法：假设检验、故障树、实验设计与分析等。

2）如果同一个结果有多个原因，建议分析这些原因与造成的问题现象之间及原因之间的关系。

A. 通常只有一个是原因，其他是导致结果出现的条件。

B. 与关系：几个条件或原因同时存在，才会导致结果。

C. 或关系：几个条件或原因只要有一个存在，就会导致结果。

D. 必要时可以补充每个原因发生的概率，以便区别处理。

3）有时，我们从一个实际问题开始因果分析，其严重后果已经显而易见，就不需要继续分析结果。

4）必要时可以补充每个现象发生的可能性，对客户造成的严重后果，以及目前的预防、检测措施，以便区别处理。

5）在因果上找出系统的边界，了解解题时可以改动的范围。

第三节　资源分析

一、资源的特征与分类

"资源"这个词最先是与自然资源联系起来的。人类的进步伴随着可用资源的消耗，一旦可用资源被消耗殆尽，人类将会遭受巨大灾难。因此，人们不断地发现、利用和开发新能源，并创造出很多新的设计和技术，例如太阳能蓄电池、风力发电机、超级杂交水稻、基因技术等。这些新技术、新成果，大多来源于人们对现有资源的创造性应用。TRIZ在其不断发展的过程中，提出了对技术系统中资源这一概念系统化的认识，并将其结合到对问题应用求解的过程中。TRIZ认为，对技术系统中可用资源的创造性应用能够增加技术系统的理想度，是解决发明问题的基石。

（一）资源的特征

1. 资源本体的生成性

所有的资源都是在一定的自然和社会条件下生长而形成的。生成性是一种存在着的事实，是资源运行中的一种规律性。资源是可以培养或培植的，不能消极等待资源的出现，而是要创造新的资源，满足生产活动的需要，应积极创造条件培育和发展人文资源和社会资源。

2. 资源存在的过程性

任何资源都有始有终，从而具有有限的性质，它的存在和变化都是有条件的并具有时效性。人们在开发利用资源时，要把握时机，一旦时机成熟，便抓

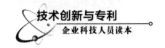

住不放。

3．资源属性的社会性

资源都是被人开发出来的，注入了人的智力和体力，是劳动的产物，它用于社会生产过程中，服从人的意志，反映人的利益和要求，用于生产产品来满足人们的消费需求。

资源作为商品投入市场进行交换将会产生四点影响：①影响到价格。②由价格影响到资源的分配。③由这一分配结果又进一步影响到资源在生产中的实际利用以及利用结果，资源的节约或浪费。④最终影响到资源本身的开发与利用，由此影响到环境问题的产生。

4．资源数量的短缺性

资源短缺性特征指任何现实的、可提供的资源数量，相对于社会生产的需要来说，都呈现出不足。

自然资源日益枯竭，在自然界的储量日益减少。1998年10月1日在日内瓦发表的题为"活的地球指数"的报告表明，1970—1995年，地球损失了1/3以上的自然资源。自16世纪以来灭绝的鸟类约150种，兽类约95种，两栖爬行类约80种。现在5%～20%的脊椎动物和树木面临灭绝的威胁，物种灭绝的速度正以百倍的速度增长。

社会资源和人文资源也同样短缺。人们需要克服在资源问题上的盲目状况，不要无节制地消耗和浪费。同时人们需要合理配置、合理利用资源，提高资源使用效率，这是一项全球性的共同行动。

5．资源使用的连带性

不同的资源形态之间在使用上互相连带、互相制约。对任何具体资源形态的考察，必须放到大资源背景中，要有一个系统观、大局观、整体观。如土地、森林、资本、人才、科技、信息等资源形态，作为具体存在，都是相对独立的，有着各自的存在形式和功能及被开发利用的条件与环境。在现实生活中，土地和森林密切相关，没有土地，森林无法生长，而森林一旦被破坏，土地也会流失或荒漠化。雄厚资本会招来大量人才，而人才的积聚又会使资本增加。

这些资源之间呈现着一种既互相依赖又互相抵触、销蚀的关系。例如，在用铁矿石冶炼钢铁的过程中，不仅需要铁矿石资源，而且还要投入煤炭炼成的焦炭作为能源，即使不用焦炭而改用电冶炼，同样需要投入电力资源。在发电过程中，则要消耗水资源或煤炭资源或者原子能资源。因此，对资源功能、开发利用条件及效果等方面要综合考察，从而获得全面有效的建议及有关资源趋势的预见。

（二）资源的分类

资源有很多不同的分类方式。例如，从资源的存在形态角度出发可将资源分为宏观资源和微观资源；从资源使用的角度出发可将资源分为直接资源和派生资源；从分析资源角度出发可将资源分为显性资源和隐性资源。显性资源指已经被认知和开发的资源，隐性资源指尚未被认知或虽已认知却因技术等条件不具备还不能被开发利用的资源。

从资源与TRIZ中其他概念结合的角度出发可将资源分为：发明资源、进化资源、效应资源。

TRIZ认为，任何技术都是超系统或自然的一部分，都有自己的空间和时间，通过对物质、场的组织和应用来实现功能。因此，资源也通常按照物质、能量、信息、时间、空间、功能、信息等角度来划分。下面我们以这种典型的分类方式来介绍TRIZ中资源的类型及其含义。

1．物质资源

物质资源指用于实现有用功能的一切物质。

建议：应用系统中已有的物质资源解决系统中的问题。例如，阿坝县的藏居，海拔3600米以上，处于高原河谷地区，藏居材料就地取泥。中华人民共和国成立后，当地政府曾经推行过砖房，但适应不了当地的巨大温差。所以还是保留了现有的土夯建筑。这种建筑内部保温效果极好，冬暖夏凉，一般一年维护一次，主要是修补自然裂缝。

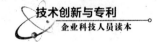

2．能量资源

能量资源指系统中存在或能产生的场或能量流。

建议：考虑使用过剩能量，系统中或系统周围可用于其他用途的任何可用能量，都可看作是一种资源。在使用过程中减少能量损失，变害为利。例如，利用汽车的废气来取暖；汽车发动机既驱动后轮或前轮，又驱动液压泵，使液压系统工作。

3．信息资源

信息资源指系统中存在或能产生的信息。

信息作为反映客观世界各种事物的特征和变化结合的新知识已成为一种重要的资源，在人类自身的划时代改造中产生重要的作用。其信息流将成为决定生产发展规模、速度和方向的重要力量。在信息理论、信息处理、信息传递、信息储存、信息检索、信息整理、信息管理等许多领域中将建立起新的信息科学。

建议：提高个体感知信息的能力。例如，根据钢水颜色判断钢水的温度。钢水温度高了，容易造成消耗增加，温度低了，容易造成生产事故。一般炼钢过程温度在1600～1700℃，出钢温度判断误差不能超过5℃。观察钢水的温度是最关键的技术。

4．时间资源

时间资源指系统启动之前、工作中及工作之后的可利用时间。

建议：利用空闲时刻或时间周期、部分或全部未使用的各种停顿和空闲以及运行之前、之中或之后的时间。

5．空间资源

空间资源指系统本身及超系统的可利用空间。

建议：利用未用空间。为了节省空间或者当空间有限时，任何系统中或周围的空闲空间都可用于放置作用对象。

6. 功能资源

功能资源指利用系统的已有组件，挖掘系统的隐性功能。

建议：挖掘系统组件的多用性。例如，飞机门也可以做舷梯。

上面介绍了系统资源的分类方法。而相对于系统资源而言，还有很多容易被我们忽视或者没有意识到的资源，这些资源通常都是由系统资源派生而来的。在分析问题的过程中，能充分挖掘出所有的资源，是解决问题的良好保证。

对于现有资源的巧妙而具有创造性的改造或者结合都能产生新的派生资源。按照与系统资源类似的划分方法，派生资源一般可分为：派生物质、派生能量、派生空间、派生时间、派生结构、潜在资源。

通常，现实问题情境中存在各种资源，但是不易被发现。在TRIZ中，我们称之为潜在资源或隐藏资源。

二、资源分析方法

资源分析就是从系统的高度研究分析资源，挖掘系统的隐性资源，关注系统资源间的有机联系，合理地组合、配置、优化资源，提升系统资源的应用价值或理想度。

如果明确了问题所发生的区域，也就确定了相应可能的解决方案发生的区域，资源分析能够帮助我们在这些可能的方案中找到理想度相对比较高的解决方案。

资源分析的目的是挖掘系统中未被发现的隐性资源，实现系统中隐性资源显性化，显性资源系统化；强调资源的联系与配置；提高系统资源的理想度（或资源价值）。

资源分析的步骤有以下四步：

步骤一：发现及寻找资源。

步骤二：挖掘及探究资源。

步骤三：整理及组合资源。

步骤四：评价及配置资源。

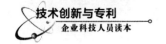

（一）步骤一：发现及寻找资源

可以使用的工具有：多屏幕法、组件分析法。

多屏幕法是一种系统思维的方法，按照时间和系统层次两个维度对情境进行系统思考。不仅考虑当前，也要考虑过去和未来；不仅考虑本系统，还要考虑相关的其他系统和系统内部。它强调的是系统地、动态地、联系地看待事物。

组件分析法指从构成系统的组件入手，分清层级，建立组件之间的联系，明确组件之间的功能关系，构建系统功能模型。

（二）步骤二：挖掘及探究资源

挖掘就是向纵深获取更多有效的、新颖的、潜在的、有用的资源。探索就是针对资源进行分类，针对系统进行聚集，以问题为中心寻找更深层级的资源及派生资源。

派生资源可以通过改变物质资源的形态而得到，主要有物理方法和化学方法两种。

1. 改变物质的物理状态（相态之间的变化）

物理参数的变化：形状、大小、温度、密度、重量等。

机械结构的变化：直接相关（材料、形状、精度）、间接相关（位置、运动）。

2. 改变物质的化学状态

物质分解的产物。

燃烧或合成物质的产物。

派生资源可以通过以下规则得到：

1）如果按照问题的描述无法直接得到需要的物质粒子，可以通过分解更高一级的结构而得到。

2）如果按照问题的描述无法直接得到需要的物质粒子，可以通过构造或者集成更低一级的结构而得到。

3）应用规则1）的最简单方法，是分解最近一级"全部的"或者"过量的"

高级物质；应用规则2）的最简单方法，是完善最近一级"不完整的"结构。

（三）步骤三：整理及组合资源

资源整合指工程师对不同来源、不同层次、不同结构、不同内容的资源进行识别与选择、汲取与配置、激活并有机融合，使其具有较强的系统性、适应性、条理性和应用性，并创造出新的资源的一个复杂的动态过程。

资源整合是系统论的思维方式，是通过组织和协调，把系统内部彼此相关又彼此分离的资源，及系统外部既参与共同的使命又拥有独立功能的相关资源整合成一个大系统，取得1+1＞2的效果。

资源整合是优化配置的过程，是根据系统的发展和功能要求对有关的资源进行重新配置，以突显系统的核心能力，并寻求资源配置与功能要求的最佳结合点。目的是通过整合与配置来增强系统的竞争优势，提高资源的利用价值。

资源整合有以下几种类型：

1. 物质资源的组合

同质组合：单物质→双物质→多物质。

异质组合：单系统→双系统→多系统。

2. 物质资源与空间资源的组合

物质资源与空间资源的组合主要包括固体、液体、气体、真空、等离子间的相互组合。

同时还应注重应用物态的组合，如多孔材料（固体泡沫材料）、泡沫（气泡）、粉末（密度）、混合物、胶质。还可以考虑用"空"物质代替物质，数量不受限制，又比较廉价，如空腔、镂空、多孔材料、泡沫、气泡。

3. 物质资源与时间资源的组合

同时做（拆分工作同时做）。

利用超系统、子系统的时间。如装载运输车。

4. 空间资源与时间资源的组合

如综合写字楼的建设。

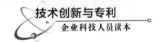

5. 物质资源与信息资源的组合

如荧光领带的条状花纹中加了高反射性纤维，在夜间狭窄的小路上，能够给对面车辆提示作用。

如日暑，阳光的隐性资源，阳光不仅给我们带来能量，同时它的直线传播也给我们带来了信息资源。

6. 物质资源与能量资源的组合

物质内微观能量资源的开发及利用。如巴林世贸中心，它由两个锥形高塔组成，连接高塔的巨桥装有3个大型风轮机，每一个的直径达到近约30米（100英尺）。高塔的锥形设计能够让风高速从塔的中间穿过，进而产生最多电力。

（四）步骤四：评价及配置资源

在解决方案的过程中，最佳利用资源的理念与理想度的概念紧密相关。

$$Ideality = \frac{\text{所有有用功能}}{\text{所有有害功能}+\text{成本}} \to \infty$$

事实上，某一解决方案中采用的资源越多，我们求解问题的成本就越小，以上等式中的分母就会越小，而理想度的指数就越高。这里所说的成本应理解成广义的成本，而并非只是采购价格这一具体可见的成本。

最理想的资源是取之不尽、用之不竭、不用付费的资源。

经济学家厉以宁指出："资源配置指经济中的各种资源（包括人力、物力、财力）在各种不同的使用方向之间的分配。"

资源配置的三要素：时间、空间和数量。

技术系统中资源配置要关注资源的利用率，资源的利用率总是不断地提高，资源在今后的使用必然价值更高。我们应当关注资源的赋存状况及获得资源的成本，注重开发资源的新功效，关注系统资源的开放性，区域间资源充分的流动性，遵循可持续发展的原则。

系统资源利用的一般原则：

1）由实到虚：实物资源→虚物资源（微观资源、场）。

2）由内到外：内部资源→外部资源。

3）由静到动：静态资源→动态资源。

4）由直到派：直接资源→派生资源。

5）由贵到廉：贵重资源→廉价资源。

6）由自到再：自然资源→再生资源（循环利用）。

资源分析的核心思想：挖掘隐性资源，优化资源结构，体现资源价值。

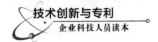
第四节　计算机辅助创新（CAI）

一、CAI平台综述

计算机辅助创新（Computer Aided Innovation，CAI）作为工程与管理领域又一个重要的计算机辅助技术而出现，和其他CAX技术一样，它得益于创新理论、方法的发展及其与计算机技术的不断融合。TRIZ理论的出现和不断发展，促使计算机辅助创新技术诞生。

CAI包括科学的问题分析与创新思维方法、问题转换与矛盾、创新原理、标准问题解法与发明问题解决算法等，相对于传统的创新方法，它具有很强的科学性和可操作性。另外，不断成熟的本体论技术为创新思维扩展和基于专利的问题解决提供了重要途径，逐渐成为计算机辅助创新技术的核心内容之一。随着问题分析方法、专利分析、价值工程和项目管理等理论方法的融入，逐渐形成完善的计算机辅助创新技术，这些理论构成计算机辅助创新技术的理论基础。

二、CAI软件的类型

1990年，最早的两个TRIZ软件产品：Invention Machine Lab（包括TRIZ原理、进化趋势、效应）和TechOptimizer（包括价值工程、功能分析）出现，标志着CAI的诞生。现在比较成熟的CAI产品有：Pro/Innovator及Pro/Evolver、Invention Machine Goldfire、TRIZSoftTM、CREAX Innovation Suite和Invention Tool等。下面分别作简要介绍。

1. Pro/Innovator

Pro/Innovator集成了TRIZ、系统论、本体论、现代设计方法学、语义技术、Pugh Matrix和IT技术，是企业级大型研发创新平台。它通过项目导航、技术系统分析、问题分解（三轴分析）、基于本体构建及搜索的解决方案知识库、TRIZ创新原理、专利（美国、欧洲、日本、中国）查询、专利生成、基于Pugh Matrix决策的方案评价、报告生成和知识库编辑器、知识共享及管理等功能模块支持用户高效完成贯穿产品生命周期的创新活动。

2. Pro/Evolve

Pro/Evolve是一款用于预测产品发展趋势的技术系统进化预测工具。可以帮助用户进行技术战略规划，指导新产品开发方向。

3. Invention Machine Goldfire 2

Invention Machine Goldfire 2是一套完整的实现计算机辅助创新的开发环境。该软件帮助工程师集中精力解决产品创新流程中的关键问题，并可以建立、访问和挖掘处理个人和公司的知识，同时也可访问发明机器公司专有的科学原理数据库及经过语义处理的全球专利数据库。Goldfire利用三个核心功能自动化和支持创新的任务，使创新工作更有效：研究Goldfire的专利语义技术促进企业和全球知识库的获取和共享，提取相关的产品概念，确定问题的解决方案和产生新产品方案。

合作：支持创新者团队的交流及信息共享。

创新方法：提供TRIZ、RCA、FMEA等方法、工具。

这些功能的融合，创造了可持续创新的平台。Goldfire有两种配置，支持不同的用户群体：Invention Machine Goldfire Insight包括必需的核心创新能力，支持整个组织中人员每天的创新、

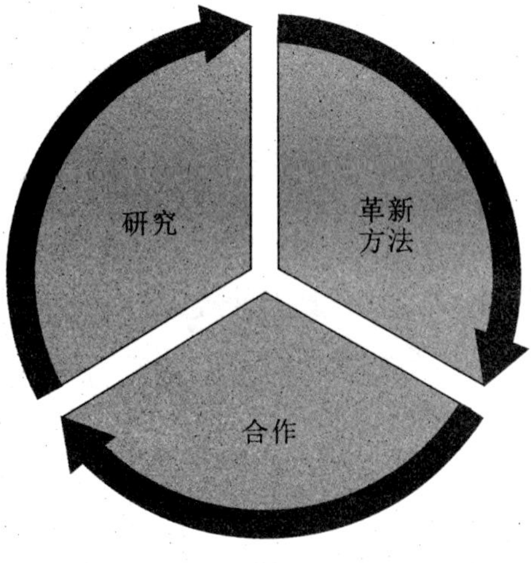

图5.3 Goldfire的三个核心功能

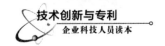

合作及活动。这包括了核心的研究、协作和思维工具；Invention Machine Goldfire Innovator建立在Goldfire Insight之上，它包括先进的创新工作流程和创新工具，应对更复杂的创新任务。

4. TRIZSoft™ 3

TRIZSoft™ 3是一个面向问题的软件系统，它提供用户用创造性方法揭示、系统地阐述和解决问题的能力，在人类活动的各领域（如技术、科学、商务、管理、每日生活等领域）中改进系统。它的多种产品具有不同的功能：Innovation workbench™（IWB）是一个全面的解决发明问题的专业工具，Ideation Brainstorming™是一个简化的以个人或团队形式工作的用于低到中等复杂性的问题解决的工具；Knowledge Wizard™是一个在非技术领域（商业、管理、市场营销、物流等）解决发明问题的专业工具；Failure Analysis™是一个用于揭示问题的根本原因（事故、故障、生产缺陷等）以及消除或预防它们的专业工具，Failure Prediction™是一个用于预测可能的问题和事件（事故，故障，生产缺陷等）以及预防它们发生的专业工具。

TRIZSoft™正在开发的应用程序有：Intellectual Property Management，是一个用于评价和增加专利，公开和申请专利的专业工具；Ideation Brainstorming for solving non-technical problems，是一个用于解决商业、管理、市场营销、物流等问题的工具；Directed Evolution，可提供有效率的、加快的、可控的系统进化；Research WorkBench，是解决工程、生物学、社会学、数学等学科问题的应用软件。

5. CREAX Creation Suite

CREAX Creation Suite是一款基于网络的创新软件。它是第一个开放式的创新工具，具有快速直观的界面，能够从专利中提取和分析相关信息，是先进的专利分析工具。它还提供了一个快速简单的方法来分析文本、产生的趋势和各个行业和领域的技术信息。

CREAX Creation Suite包括CREAX创新方法的所有工具。这个系统化的方法使用四个步骤于创新项目：价值方程、九屏幕法、产品DNAOR以及特性的变化。

More Inspiration是一个免费的在线创新数据库。数千个按性质、功能、行业分类的创新例子用于激发创造力。

Function DB是一个免费的在线功能数据库。上网查看有多少种方式来执行特定功能。

Creativity test是一个免费的在线创造力测试。

CREAX.net提供841个与创新相关的网站链接。

6. InventionTool 4

InventionTool 4是一个计算机辅助概念设计创新软件。软件包含三个模块：技术进化模块、效应模块、冲突解决原理模块，分别与TRIZ理论中技术进化、效应、冲突解决原理相对应。

7. TMMS

TMMS是一款技术成熟度预测软件。该软件以TRIZ理论的技术系统进化理论为理论基础，以专利分析为主要途径，采用计算机进行数据处理，加快产品技术成熟度预测的进程，提高预测的精度。

三、CAI与其他CAX之间的关系

随着计算机的普及，软件已变得不可或缺。最早的软件只是人们为了减轻自身日常工作中那些经常重复又冗长乏味的计算而按执行顺序编写的数学公式。后来为了在不同情况下得出不同结果，又加上了一些转移条件。就软件的工作方式而言，即使是软件发展到如此繁荣的今天，其计算的本质依然没变——即数学公式和转移条件。两者都依赖于对各行业基础理论模型的研究和计算机技术的成熟度。换一个角度来说，软件是对客观世界中问题空间与解空间的具体描述，是客观事物的一种反映，是知识的提炼和固化，是人脑的加强与延伸。这是软件的开发者和使用者能够达成共识的思想基础。

CAI是CAX的新成员，它的出现不仅使CAX家族更加完善，而且作为设计的源头，直接影响其他成员的效率和成就。要弄清CAI与CAX家族的关系，还

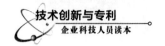

要先从全面了解CAX入手。

CAX是对工业化软件的泛称。CAX按其英文字义翻译为计算机辅助技术，是计算机辅助工程类软件的总称，但其所涵盖的范围十分广泛，且边界难以界定。广义上讲，目前的CAX涉及的专业有机械、建筑、电子、电力、化工、生物、流体、空气动力、纺织、服装、教育，甚至还应包括多媒体制作及工业设计、美容美发等。但因其历史发展的根源，CAX更多地被界定为工程辅助软件。又因为机械行业的工程辅助软件发展最成熟、体系最完善，所以CAX有时又被狭义地特指为泛机械制造类工程软件的总和。

CAX通常包括CAD、CAE、CAPP、CAM、CAT、PDM、PLM。其中以4C（CAD、CAE、CAPP、CAM）为核心成员。

随着计算机技术的迅猛发展，CAX在现代制造业中起着越来越重要的作用。在现代制造企业中，CAD、CAPP、CAM、CAE等技术已经被普遍采用，并逐渐占据主导地位。计算机集成制造系统（CIMS）被认为是机械制造工业的一种有效生产模式，而CAD、CAPP、CAM的集成是实施CIMS的最重要环节之一。总之，CAX技术在新兴起的虚拟制造技术中起着举足轻重的作用。

练习题

1. 在因果分析时，可以用哪些方法来分析技术系统中问题的原因和结果？

2. 资源分析的目的是什么？

3. 请简述资源分析的步骤。

4. 在进行因果分析时的注意事项有哪些？

5. 请简述资源的分类。

6. 分析题：

请全面考虑各种因素，用因果分析的方法对问题进行分析。

中央电视台总部大楼位于北京商务中心区，内含央视总部大楼、电视文化中心、服务楼、庆典广场。中央电视台总部大楼建筑外形前卫，被美国《时代》周刊评选为2007年世界十大建筑奇迹，并列的有北京当代万国城和国家体育场。中央电视台总部大楼投入50亿元人民币建成，其中北配楼在2009年2月9日的火灾中严重焚毁。

北京时间2010年2月9日21时左右，中央电视台新址附近发生大火。央视新址大楼配楼浓烟滚滚，火星四溅，火灾浓烟已高过央视大楼。22时，现场有上百辆警车，20多辆消防车。特警武警正指挥疏散群众。附近两栋居民楼的居民撤离。

第六章

专利运用与保护

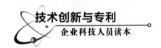

第一节　专利运用

一、专利信息资源与利用

世界知识产权组织统计显示，世界上创新成果的70%～90%都出现在专利文献中。国际经济合作与发展组织的统计结果也表明，80%以上的科技知识被描述在专利文献中。

当前，专利信息已经成为国家、行业和企业跟踪科学技术进展、预测技术趋势、开展科学研究、了解竞争者技术水平、开发新产品等的重要信息来源。

对研发过程而言，专利信息可以帮助我们了解技术现状、潜在发展趋势，拓宽创造性思维，理清研发方向，抓准研发重点，避免重复研发等。一种新产品的开发，实际上60%来自文献，30%来自样品，另外5%来自原材料等因素，自身的研究实际上只占5%左右。

此外，通过对专利信息的分析还可以判断即将投资的项目是否有市场前景，是否有同行业的技术竞争优势等。

（一）专利信息的范围

专利信息指以专利文献作为主要内容或以专利文献为基础，经分解、加工、标引、统计、分析、整合和转化等信息化手段处理，并通过各种信息化方式传播而形成的与专利申请有关的各种信息的总称。专利信息主要包括发明人、申请人/专利权人、申请区域、技术分类、技术进展和技术发展方向等信息。

1. 专利文献

专利文献指各国家、地区、政府间知识产权组织在审批专利过程中按照法定程序产生的出版物及其他信息机构对上述出版物加工后的出版物。

中国专利文献指国家知识产权局按照法定程序公布的专利申请文件和公告的授权专利文件。

单行本指国家知识产权局专利局对公布的专利申请文件和公告的授权专利文件定期编辑出版而形成的出版物。单行本所涉及的具体内容如下：

1）发明专利申请单行本、发明专利单行本以及实用新型专利单行本，包括扉页、权利要求书、说明书、说明书附图，实用新型均应有说明书附图。其扉页由著录项目、摘要、摘要附图组成，若说明书无附图的，则没有摘要附图。

2）外观设计专利单行本，包括扉页、彩色外观设计图片或照片及简要说明。其扉页由著录项目、指定图片或照片组成。

中国专利文献中的专利申请号、专利文献号、专利文献种类标志代码样例，见表6.1。

表6.1 中国专利文献中的专利申请号、专利文献号、专利文献种类标志代码样例

专利文献名称	申请号	专利文献号、文献种类标识代码	说　　明
发明专利申请	200910261247.8	102102675A	不同专利申请应顺序编号
进入中国国家阶段的PCT发明专利申请	201180063006.8	103313636A	—
发明专利申请（扉页更正）	200910261247.8	102102675A8	同一专利申请沿用首次赋予的专利文献号（9位或7位）
发明专利申请（全文更正）	200880012439.9	101960299A9	
发明专利	00811004.2	1399818B	同一专利申请的授权公告号沿用首次赋予的专利文献号（9位或7位）
	200710179617.4	101184265B	
发明专利（扉页更正）	00811004.2	1399818B8	
发明专利（全文更正）	200710179617.4	101184265B9	
实用新型专利	201020587480.3	201908404U	不同专利申请应顺序编号
进入中国国家阶段的PCT实用新型专利申请	201190000642.1	203182114U	—
实用新型专利（扉页更正）	201020587480.3	201908404U8	同一专利申请的授权公告号沿用首次赋予的专利文献号（9位或7位）
实用新型专利（全文更正）	200920240610.3	201529462U9	
外观设计专利	201030122479.7	301558470S	不同专利申请应顺序编号
外观设计专利（扉页更正）	201030122479.7	301558470S8	同一专利申请的授权公告号沿用首次赋予的专利文献号（9位或7位）
外观设计专利（全文更正）	201030295455.3	301471528S9	

A. 中国专利申请号是国家知识产权局受理一件专利申请时给予该专利申请的一个标识号码。

2003年起，中国专利申请号用12位阿拉伯数字表示，包括申请年号、申请种类号和申请流水号三个部分。年号采用4位公元纪年。申请种类号用1位数字表示，所使用数字的含义规定如下：1表示发明专利申请，2表示实用新型专利申请，3表示外观设计专利申请，8表示进入中国国家阶段的PCT发明专利申请，9表示进入中国国家阶段的PCT实用新型专利申请。

专利申请号与校验位的联合使用：校验位位于专利申请号之后，在专利申请号与校验位之间使用一个下标单字节实心圆点符号作为间隔符。

B. 中国专利文献号是国家知识产权局按照法定程序，在专利申请公布和专利授权公告时给予的文献标志号码。

基于一件专利申请形成的专利文献只能获得一个专利文献号，该专利申请在不同程序中公布或公告的专利文献种类由相应的专利文献种类标志代码确定。

中国专利文献号用9位阿拉伯数字表示，包括申请种类号和文献流水号两个部分。申请种类号用1位阿拉伯数字表示。所使用的数字含义规定如下：1表示发明专利申请，2表示实用新型专利申请，3表示外观设计专利申请。具体样例见表6.1。

C. 中国专利文献种类标志代码是国家知识产权局为标志不同种类的专利文献规定使用的字母编码或者字母与数字的组合编码。

从2010年4月起，专利文献种类标志代码如下：

发明专利申请公布说明书：A。

发明专利说明书：B。

实用新型专利说明书：U。

外观设计专利授权公告：S。

更正文献种类标志代码如下：

扉页更正：A8，B8，U8，S8。

全文更正：A9，B9，U9，S9。

2. 专利公报

专利公报是国家知识产权局公开有关中国专利申请的审批状况及相关法律法规信息的定期出版物。专利局编辑出版的专利公报有发明专利公报、实用新型专利公报和外观设计专利公报。专利公报以期刊形式发行，同时以电子公报形式在国家知识产权局政府网站上公布，或者以专利局规定的其他形式公布。三种专利公报每周各出版一期。

发明专利公报包括发明专利申请公布、国际专利申请公布、发明专利权授予、保密发明专利、发明专利事务、索引（申请公布索引、授权公告索引）。

发明专利事务公布专利局对发明专利申请和发明专利作出的决定和通知，包括：实质审查请求的生效，专利局对专利申请自行进行实质审查的决定，发明专利申请公布后的驳回，发明专利申请公布后的撤回，发明专利申请公布后的视为撤回，视为放弃取得专利权，专利权的全部（或部分）无效宣告，专利权的终止，专利权的主动放弃，专利申请（或专利）权利的恢复，专利申请权、专利权的转移，专利实施的强制许可，专利实施许可合同的备案，专利权的质押、保全及解除，专利权人的姓名或者名称、地址等著录事项的变更，文件的公告送达，专利局的更正及其他有关事项。

实用新型专利公报包括实用新型专利权授予、保密实用新型专利、实用新型专利事务和授权公告索引。实用新型专利事务公布专利局对实用新型专利申请和实用新型专利作出的决定和通知。

外观设计专利公报包括外观设计专利权的授予、外观设计专利事务和授权公告索引。外观设计专利事务公布专利局对外观设计专利申请和外观设计专利作出的决定和通知。

（二）专利信息的特点及应用

1. 专利信息的特点

专利信息具有以下主要特点：

1）数量大，目前可查阅的专利文献已经超过7000万件。

2）更新快，通常是周更新或月更新。

3）内容完整、格式统一，且集多种信息为一体，如：①技术信息：发明创造的技术主题、所属技术领域、技术背景、技术解决方案和具体实施方式等。②法律信息：专利申请的权利要求范围、法律状态、有效性、地域性、权利人和可保护时间等。③经济信息：通过对专利文献信息进行分析，可了解竞争对手在国内外市场上所占的市场份额、核心技术竞争力和技术发展态势等。④战略信息：通过对专利文献信息进行检索和分析，为国家经济科技发展政策和企业经营发展战略提供有效依据等。

2．专利信息的应用

专利信息应用广泛，通过对专利信息的检索分析，主要可以实现：

1）对于企业，在法律层面，可以判断专利申请本身是否具有新颖性和创造性，判断某专利在某国家或地区的授权及专利权的效力状态情况及某专利在特定国家或地区是否侵权的情况。

2）在技术层面，通过引文检索，可以分析技术发展阶段，从而通过被引用程度判断该专利是否属于核心技术；而通过寻找小语种专利申请的英文文本，还可以了解不同国家、地区、政府间知识产权组织的审查员对某专利的审查意见等情况。

3）在经营层面，可以发现竞争对手，找出技术发展趋势，了解本技术领域相关专利市场布局及专利产品的市场趋势。

4）在科学研究方面，通过专利技术信息的检索，可以得到与课题研究、科研立项和技术创新研发的技术主题相关的专利信息并找到技术解决方案。

（三）专利信息检索步骤

检索专利信息一般可采用以下步骤：

步骤一：确定检索目的，即确定是进行专利技术信息的检索、专利法律状态检索、引文检索，还是进行同族专利检索等。

步骤二：分析检索的技术主题。

步骤三：选择检索系统，即根据检索的目的、时间、地域选择相应的数据库及检索系统。

步骤四：确定检索要素及其表达形式，检索要素包括关键词、分类号、化学结构式等。关键词可以用各种同义或近义，上位概念、下位概念等来表达。

步骤五：构建检索式，可以使用布尔逻辑运算、通配符等来构建检索式，如逻辑"与"（and、×），逻辑"或"（or、+）和逻辑"非"（not、−）等。

步骤六：优化检索策略（提高查全率、查准率）。

步骤七：检索结果的整理与运用。

（四）专利信息检索的主要免费资源

1. 中国专利信息检索资源

（1）中国专利检索与服务系统（http://www.pss-system.gov.cn）。

中国专利检索与服务系统于2011年4月26日正式向社会公众提供服务。该系统包括全球100多个国家、地区或组织的专利文献，截至2012年9月共收录9000多万条文摘数据、4000万条全文数据及大量的辅助检索数据。

打开国家知识产权局网站主页（http://www.sipo.gov.cn）（图6.1），进入"专利检索查询"页面，点击"专利检索与服务系统"可以直接进入专

图6.1　国家知识产权局网站主页

利检索与服务系统页面（图6.2）。可以进行常规检索或表格检索（图6.4、图6.5）。在检索结果页面可查看文献详细信息，查看文献的中英文摘要（图6.6、图6.7），继续点击相应按钮获得全文信息、法律状态信息及同族信息等。

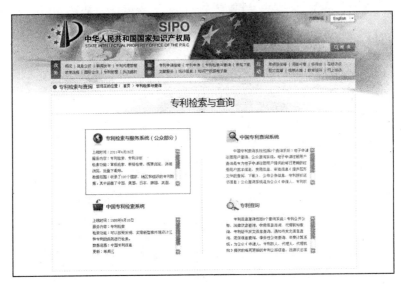

图6.2　专利检索与查询页面

图6.3　专利检索与服务系统首页

将批量检索结果分析加入文献分析库，可以得到区域构成分析（图6.8）、申请人趋势分析（图6.9）、技术领域趋势分析（图6.10）以及中国专项分析等。

图6.4　常规检索

图6.5　表格检索

图6.6 检索结果

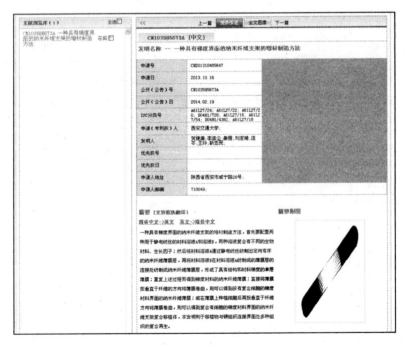

图6.7 查看文献中英文摘要

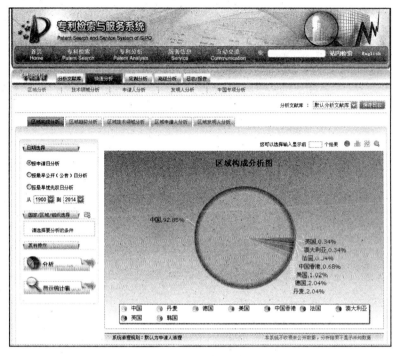

图6.8　区域构成分析

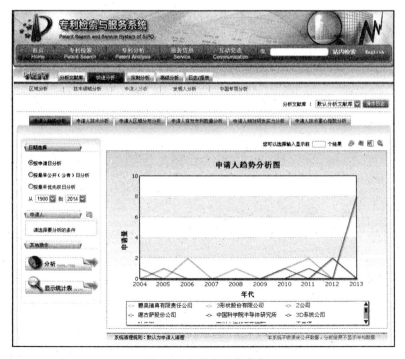

图6.9　申请人趋势分析

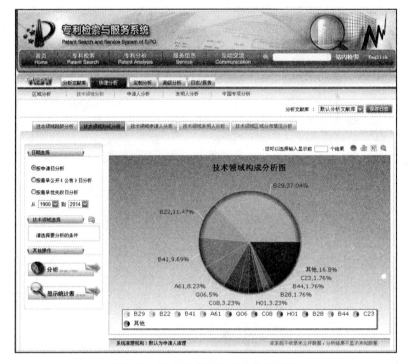

图6.10　技术领域区域分布情况分析

（2）中国专利查询系统（http://cpquery.sipo.gov.cn）。

中国专利查询系统用户分为注册用户和普通用户。普通用户通过输入申

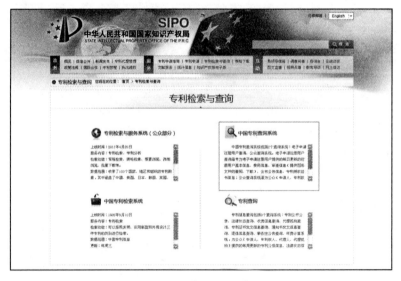

图6.11　中国专利查询系统入口

请号、发明名称、申请人等内容可以查询已经公布的中国发明专利申请、已经公告的发明专利、实用新型专利及外观设计专利的基本信息、审查信息公布公告信息。打开国家知识产权局网站主页（www.sipo.gov.cn），进入"专利检索与查询"页面，点击"中国专利查询系统"可以直接进入系统（图6.11~图6.13）。

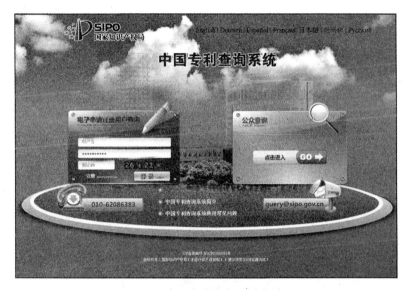

图6.12　中国专利查询系统主界面

图6.13　中国专利查询系统公众查询页面

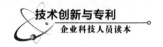

2. 欧洲专利局（EPO）专利信息资源

欧洲专利局的多个数据库提供欧洲专利局和其他国家、组织出版的专利文献（包括专利单行本、专利公报及分类资料等），还包括欧洲专利局的审查过程文件等。

（1）欧洲专利局（EPO）专利检索系统（http://worldwide.espacenet.com）。

通过EPO主页进入espacenet检索系统，可以免费得到世界范围内的7000多万件专利文献。该检索系统有3个数据库，worldwide数据库收录90多个国家和地区公布的专利申请信息；EP数据库提供欧洲专利局公布的专利申请；WIPO数据库提供世界知识产权组织（WIPO）公布的PCT专利申请。检索页面见图6.14。

图6.14 欧洲专利局espacenet检索系统

（2）欧洲专利局（EPO）法律状态查询系统European Patent Register（https://register.epo.org）。

通过"RegisterPlus"系统获得欧洲专利局受理并进入各指定国家阶段的与欧洲专利申请有关的信息，包括著录项目数据、同族专利数据、审查过程的文件、法律状态等数据。检索结果显示页面见图6.15。

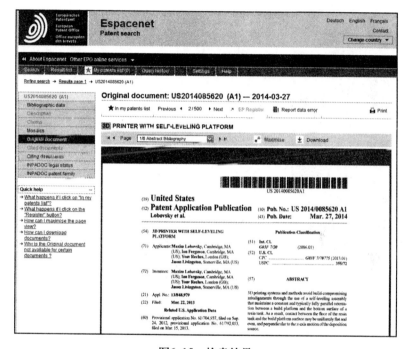

图6.15　检索结果

3. 美国专利商标局（USPTO）专利信息资源

美国专利商标局专利检索系统（https://www.uspto.gov）的多个数据库提供美国的专利检索、专利公报、专利分类及法律状态等信息。专利授权数据库（PatFT）收录了1790年至最近一周公布的各种类型的授权专利文献；专利申请公布数据库（AppFT）收录了2001年3月15日至今的美国专利申请公布文献；还有法律状态及专利权转移数据库（PAIR）和其他数据库。检索页面见图6.16。

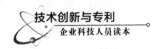

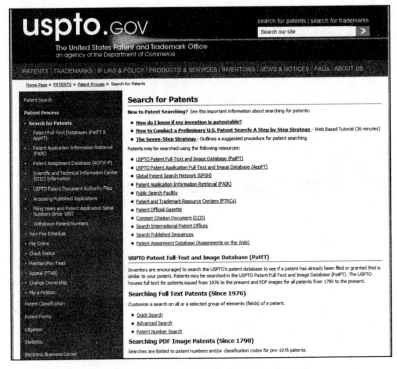

图6.16　美国专利商标局专利检索页面

4．日本特许厅（JPO）专利信息资源

在日本特许厅（http：//www.jpo.go.jp）主页链接的工业产权数字图书馆（IPDL）设有英文页面和日文页面，包括多个数据库，其中的日本专利英文文摘（PAJ）数据库收录了1976年以来公布的日本发明专利申请公开的文献（月更新）及1990年以来申请的专利的法律状态（Legalstatus）。检索页面见图6.17。

图6.17　日本特许厅专利信息检索页面

二、专利战略与布局

（一）专利战略

专利战略是制定者为了自身的长远利益和发展，运用专利制度提供的法律保护，在技术竞争和市场竞争中谋取最大经济利益并保持自己技术优势的整体性战略观念与谋略战术的集合。

专利战略的根本作用及其存在依据在于，它以技术的产权激励为基础，有效地将技术创新的产权激励、市场激励、政府激励与企业激励四种主要激励源组织集成一体，形成综合性的管理模式。

专利战略可分为国家专利战略、地区专利战略、行业专利战略和企业专利战略等。

企业专利战略是企业面对变化激烈、挑战严峻的环境，主动地利用专利制度提供的法律保护及种种方便条件有效地保护自己，并充分利用专利情报信息，研究分析竞争对手状况，推进专利技术开发，控制独占市场，为取得专利竞争优势，为求得长期生存和不断发展而进行的总体性谋划。

在不同的发展阶段，企业的专利战略目标与需求也不同。一般来说，可分为以下几个阶段：

1. 安全运营阶段

企业在拥有一定数量专利的前提下，主要关注控制知识产权风险并保证市场安全。目前多数国内企业都处于这个阶段。

2. 成本控制阶段

当企业的专利越来越多时，企业则会注重在有限预算下获得更多更有价值的专利。

3. 获得利润阶段

在这一阶段，企业已可以通过专利许可及转让等方式获得利润。企业也更加关注专利的资产属性。

4．战略整合阶段

在这个阶段，企业可以利用专利改变竞争格局，促成新的商业关系，从而获得远高于专利交易价值的收益。

5．远景规划阶段

此时，专利战略从长远利益出发，为企业未来之路作准备。

无论哪种专利战略目标，都需要通过企业的专利管理活动来实现，并使每一项专利管理活动与经营活动相对应，以保证专利工作最终能支持企业经营目标。

（二）专利布局

专利布局指围绕专利技术以达到促使企业生存、发展并取得竞争有利地位的总体规划。在企业市场发展战略中，专利布局的合理运用已成为企业技术竞争、市场竞争的关键因素。企业专利战略始于专利布局。

实践中，专利布局主要包括进攻型、防御型和混合型三种方式。

1．防御型专利布局

防御型专利布局指企业通过专利布局防止竞争对手的专利申请削弱或威胁自有专利。防御型专利布局的方式适用于掌握产业未来发展方向的核心技术，且以针对该核心技术进行专利申请的企业。通过防御型专利布局，企业可稳固并扩大自有专利阵地，利用专利阻止竞争对手在相关产品和市场的生产经营活动，维护自身技术、产品、市场中的优势地位，避免受制于人。

防御型专利布局的形式可包括：

（1）"核心专利+外围专利"法。

一般来说，核心专利的地位十分重要，但在实用化过程中，往往需要一系列相关配套技术进行支撑。如果拥有核心专利的企业不注重及时申请外围专利，那么在核心专利技术内容公开后，一旦被竞争对手抢先申请并获得外围专利权，核心专利的权利人反而会受制于他人。

为了避免上述情况的发生，企业在拥有核心专利的基础上，可采用"核心专利+外围专利"的专利布局方式，尽快开发外围专利，为核心技术领域筑起牢固的专利保护网，防止核心专利周围残留未开发领域，给竞争对手可乘之机。

（2）"多路径核心专利"法。

条条大路通罗马，在企业的市场竞争中也存在同样的情况。在实际技术发展过程中，为了达到一个技术效果，往往有多个技术方案可以实现。企业在拥有核心专利的条件下，还应该在对解决核心专利技术问题的多种实现路径上布局专利，以堵截竞争对手在替代技术再研发方面的可能性，保证企业自身在市场竞争中的有利地位。

（3）"核心专利纵向延伸"法。

为解决专利权利的有效期限问题，企业在拥有核心专利后，还应该作一定的技术储备，主要是根据核心技术的纵向进行预研开发，使核心专利向纵向延伸，以延长核心专利的可用周期。

2. 进攻型专利布局

进攻型专利布局指企业通过专利布局方式对竞争对手的已有专利进行攻击，以削弱并遏制竞争对手，提高企业市场竞争力。核心专利与外围专利的结合能够对企业自有技术形成最大限度的保护。但在实际中，核心专利和外围专利同时为一家企业拥有的情况并不多见。因此，进攻型专利布局的方式，对不具备开发核心技术条件的企业来说，无疑是一个锦囊妙计。

与防御型专利布局方式相对应，利用进攻型专利布局方式对竞争对手掌握的核心专利发起攻击，主要包括三种方式：

（1）"外围专利"法。

拥有核心专利的竞争对手对企业而言并不是无路可走。企业可以在竞争对手基于核心专利未形成专利网之前，通过自行研发、收购、许可等方式，抢先在其核心专利外围进行布局，促成双方交叉许可的谈判，逐步削弱核心专利的威胁。

（2）"另辟蹊径"法。

面对竞争对手拥有的核心专利，企业可另辟蹊径，只要能达到或超越核心专利所能实现的技术效果，可重新布局专利，整合市场竞争资源，调整产业格局。采用此种专利布局形式的企业，应合理利用已公开的专利信息，实时掌握竞争对手的研发动向，通过技术改造、完善等方式，扬长避短，后来居上。

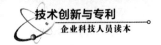

（3）预研法。

预研法指在竞争对手的核心专利公开后，根据未来产业发展及市场需求，预先进行技术研发储备和专利布局，争取在未来市场竞争中占有一席之地。

3. 混合型专利布局

混合型专利布局指同时运用防御型和进攻型专利布局。在激烈的市场竞争中，企业只有根据产业和竞争对手的专利布局情况，灵活运用不同的专利布局形式，才能使企业长久立于不败之地。

三、专利分析与预警

1. 什么是专利预警

专利预警是通过对专利数据进行技术情报分析，预知经济科技活动中客观存在的专利壁垒和商业风险，并对其进行有效规避及快速防范的机制。

目前对于专利预警的理解通常包含狭义和广义两种。狭义的专利预警指企业在产品"走出去"的过程中，评估专利侵权风险并采取防范措施，尽可能降低侵权诉讼的可能性。广义的专利预警则涉及在政府或行业决策规划、企业经营全流程中提供专利风险预测及规避防范手段的机制。

2. 专利预警的内容和作用

专利预警与专利的创造、运用、保护、管理密切相关，往往涉及从技术研发创新到产业发展规划的全部活动，如研发过程中的专题技术分析、竞争对手跟踪、研发成果布局保护，市场竞争中的侵权防御和诉讼应对，以及企业管理过程中的专利转让许可、人才技术引进等。

对政府决策和行业规划而言，专利预警可以为重大经济科技活动、区域产业布局规划及行业资源整合、行业专利危机应对提供决策参考依据。对企业发展而言，专利预警可以通过分析竞争对手关键专利，了解自身产品上市或出口是否可能侵权，为企业规避损失，还可通过分析竞争对手专利及产品信息，了解自身专利被侵权的可能，从而以许可、转让、诉讼等方式实现自身专利的潜在价值。同时还能通过分析技术发展趋势，为研发创新提供思路。

3．如何开展专利预警

开展专利预警工作需要完备的专利信息数据资源和准确快捷的检索平台，以及精通专利法规、通晓专业技术、熟练掌握检索分析技能并且深谙产业发展规律的专业分析团队。

专利预警分析的一般工作流程如下：

1）产业环境调查和资料收集。

2）确定专利分析主题和分析目标。

3）专利文献检索、筛选、分类和标引。

4）依据项目需求和分析指标进行专利分析。

5）出具专利预警分析报告。

四、专利转让、许可与运营

仅仅拥有专利技术并不能给企业带来直接的经济效益，还需要进行有效的专利市场运营。专利的市场运营，就是企业为了获取与保持市场竞争优势，运用专利保护手段，谋求最佳经济效益的活动。当前，专利的市场运营本质上是充分实现专利的财产功能，其中既包括专利的转让和许可，也包括通过更加复杂的许可模式和金融运行手段实现价值。

（一）专利转让

专利转让是专利权人以出让其专利权为代价获取转让价金的法律行为。

对于卖方而言，可以通过转让专利行为获得一次性收益，收回专利开发的投资，并获取预期利润；对于买方而言，可以在不付出开发专利的投资成本和承担开发风险的情况下直接获取他人的专利权，并且可以利用受让的专利权占领市场。

例如，美国贝尔公司发明半导体技术后，索尼公司创始人盛田昭夫最早在报纸上获得了这一信息。当时美国人认为半导体的工业化应用为时尚早，盛田昭夫则认为该项技术具有巨大的市场，遂购买该专利，并在现有技术基础上进行后续研发和创新，最终在世界上率先推出了晶体管收音机，为公司带来了巨大的市场效益。

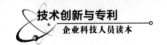
专利权可以全部转让，也可以部分转让，专利权的转让在原则上是自由的，当事人应当订立书面合同，并向国务院专利行政部门登记，由国务院专利行政部门予以公告。专利权的转让自登记之日起生效。

（二）专利许可

专利许可指专利权人将其所拥有的专利技术许可他人实施的行为。

在专利许可中，专利权人是许可方，允许实施的人成为被许可方，许可方与被许可方要签订专利实施许可合同。专利实施许可合同只允许被许可方实施许可方的专利技术，而不转移许可方的专利所有权。

按照许可范围及实施权大小，专利许可可以分为独占许可、排他许可、普通许可等形式，此外还有分许可和交叉许可。

1. 独占许可

指在合同中约定的时间和地域内，专利权人只允许被许可方实施该专利技术，其他任何人不得行使其专利技术实施权，包括专利权人本人。

2. 排他许可

指在合同中约定的时间和地域内，只有专利权人和被允许使用人有权使用该专利，其他任何人无权使用该专利。

3. 普通许可

也称一般许可或非独占许可，指除专利权人与被允许使用人可以使用其专利外，专利权人还可以允许第三人使用其专利。

4. 分许可

也称转许可，指专利权人和被允许使用人可以使用其专利，同时专利权人和被许可使用人也有权再允许其他人使用其专利。

5. 交叉许可

也称相互实施许可，指两个专利权人互相允许对方在约定的时间和地域、范围内实施自己的专利，换句话说，就是甲和乙相互允许对方实施自己的专利。实践中，交叉许可运用较多，通过交叉许可，专利权人可以实现知识产权的等价交换。

（三）专利运营

除传统意义上的转让与许可外，专利还可以通过更加复杂的许可模式和金融运行手段进行资本化运作，以实现更高的附加值，主要包括以下几点：

1. 通过专利联盟的形式进行专利许可

专利联盟，也称专利池，指多个专利拥有者为了能够彼此之间分享专利技术或者统一对外进行专利许可而形成的一个正式的或者非正式的联盟组织，它实际上是一种特殊的双向许可。如音视频领域的MPEGLA联盟和DVD领域的3C和6C联盟。

2. 作为无形资产出资

按照我国公司法等相关法律规定，专利权可作为无形资产用于企业注册资本的作价出资。

3. 专利权质押

专利法规定，专利权中的财产权可以质押，典型代表是专利权质押贷款，即通过专利权质押方式获得银行等金融机构贷款。

4. 专利拍卖

专利拍卖是把专利技术通过市场竞价交易的方式来实现专利权的转移，改变了过去一对一的转让方式，正在逐步成为目前专利转让和交易的一种新方式。

五、专利与标准

1. 什么是标准

标准是对重复性事物和概念所作的统一规定。它以科学、技术和实践经验的综合成果为基础，经有关方面协商一致，由主管机构批准，以特定形式发布，作为共同遵守的准则和依据。

根据标准的作用和范围，标准可分为国际标准、区域标准、国家标准、行业标准、地方标准和企业标准。根据标准的性质，可将其分为强制性标准和推荐性标准。通常情况下，标准是公开的规范性文件。

技术与标准具有不同的属性。标准是产品或服务在一定范围内必须遵守的准则和依据，而随着技术进步和市场竞争的增强，标准制定者逐渐将已有的比较完善的技术方案包含到标准内容中，使实施该标准必须使用到这些技术。因此可以认为，技术标准就是以技术方案为基础形成的对重复性的技术事项在一定范围内的统一规定。

2．专利进入标准

如果实施某技术标准需要使用到某项或某些技术，而该项或这些技术已经申请了专利，即通常所说的"专利进入标准"；如果进入标准的专利是实施标准所必需的，则该专利称为必要专利。

标准的实施将使必要专利得到空前广泛的应用；同时，涉及对于必要专利的收费问题，因此，必要专利的确定需要经过严格的评估程序。

在法律意义上，标准中的必要专利指该专利中的独立权利要求的各技术特征均须与标准的规范性要求相一致，使实施该标准将不可避免地使用该专利的技术方案。而在评估过程中，要将专利文本记载的独立权利要求和标准中的规范性要求进行逐一比对。独立权利要求记载的具体技术特征与标准文本的符合程度，将直接影响到对专利必要性的评估结果。

如果某专利只是基于标准的实现技术而可能涉及的，则是通常所说的"实现专利"。因为多项实现技术都可以达到标准的同一技术要求，所以，实现专利并不是标准的必要专利。

3．专利进入标准的作用

专利进入标准具有一定的积极作用。它作为标准具有一定的实施范围，国家标准将在全国范围内实施，行业标准将在行业范围内实施。进入标准的专利，通过标准的实施得到更大范围的推广，使专利权人的权利在更大范围得到体现。

同时，进入标准的专利也会受到更多的约束。如参与标准制定方常常需要接受标准化组织的知识产权政策约束，对进入标准的必要专利进行事先披露和许可承诺。专利进入标准时，应该客观考虑专利权人自身权利与社会利益的平衡。

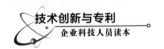
第二节　专利保护

一、专利保护范围

（一）专利权保护范围

1. 发明和实用新型专利权的保护范围

专利法规定，发明或者实用新型专利权的保护范围以其权利要求的内容为准，确切地说，以权利要求书中明确记载的必要技术特征所确定的范围为准，包括与该必要技术特征相等同的特征所确定的范围。

等同特征指与所记载的技术特征以基本相同的手段，实现基本相同的功能，达到基本相同的效果，并且本领域的普通技术人员无须经过创造性劳动就能够联想到的特征。

2. 外观设计专利权的保护范围

外观设计专利权的保护范围以表示在图片或者照片中的该产品的外观设计为准，简要说明可以用于解释图片或者照片所表示的该产品的外观设计。

（二）侵犯专利权情形

发明和实用新型专利权被授予后，除专利法另有规定的，任何单位或者个人未经专利权人许可，都不得实施其专利，即不得以生产经营为目的制造、使用、许诺销售、销售、进口其专利产品，或者使用其专利方法及使用、许诺销售、销售、进口依照该专利方法直接获得的产品。

外观设计专利权被授予后，任何单位或者个人未经专利权人许可，都不得实施其专利，即不得以生产经营为目的制造、销售、进口其外观设计专利产品。

具体来说，如果实施他人专利的行为同时满足以下七个条件，则是侵犯专利权的行为。

1）需要存在有效的专利权。如果专利权存在无效情形，对于无效的专利，则权利不存在，就谈不上侵权了。

2）发生了法定的侵害行为。如对于发明和实用新型专利而言，有制造、使用、进口、销售、许诺销售的行为。

3）所发生的侵害行为具有违法性。

4）实施人以生产经营为目的。是否获利不是判断"以生产经营为目的"的标准；如果行为人只是为了个人目的，如出于兴趣爱好或者欣赏的目的，而实施他人专利的，就不是以生产经营为目的。

5）实施人没有获得专利权人的许可。

6）实施人主观上有过错，包括故意和过失。

7）实施人实施的技术/设计方案落入专利保护范围。

（三）不视为侵犯专利权的情形

有下列情形之一的，不视为侵犯专利权。

1）专利产品或者依照专利方法直接获得的产品，由专利权人或者经其许可的单位、个人售出后，使用、许诺销售、销售、进口该产品的。

2）在专利申请日前已经制造相同产品、使用相同方法或者已经作好制造、使用的必要准备，并且仅在原有范围内继续制造、使用的。

3）临时通过中国领陆、领水、领空的外国运输工具，依照其所属国同中国签订的协议或者共同参加的国际条约，或者依照互惠原则，为运输工具自身需要而在其装置和设备中使用有关专利的。

4）专为科学研究和实验而使用有关专利的。

5）为提供行政审批所需要的信息，制造、使用、进口专利药品或者专利医疗器械的，以及专门为其制造、进口专利药品或者专利医疗器械的。

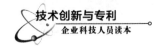

二、专利行政保护

专利法规定，未经专利权人许可而实施其专利，即侵犯其专利权，引起纠纷的，由当事人协商解决；不愿协商或者协商不成的，专利权人或者利害关系人可以向人民法院起诉，也可以请求管理专利工作的部门处理。

（一）专利侵权纠纷的处理与调解

1．申请主体及条件

请求管理专利工作的部门处理专利侵权纠纷的，应当符合下列条件：

1）请求人是专利权人或者利害关系人。

2）有明确的被请求人。

3）有明确的请求事项和具体事实、理由。

4）属于受案管理专利工作的部门的受案和管辖范围。

5）当事人没有就该专利侵权纠纷向人民法院起诉。

其中，利害关系人包括专利实施许可合同的被许可人和专利权的合法继受人等，如独占实施许可合同的被许可人等。

管理专利工作的部门是由省、自治区、直辖市人民政府及专利管理工作量大又有实际处理能力的设区的市人民政府设立的管理专利工作的部门，一般为省或市级的知识产权局，如北京市知识产权局。

2．处理方式

管理专利工作的部门处理专利侵权纠纷案件时，可以根据当事人的意愿进行调解。双方当事人达成一致的，由管理专利工作的部门制作调解协议书，加盖公章，并由双方当事人签名或者盖章。调解不成的，应当及时作出处理决定。

管理专利工作的部门认定侵权行为成立的，可以责令侵权人立即停止侵权行为；认定侵权行为不成立的，应当驳回请求人的请求。

（二）查处假冒专利

根据专利法规定，假冒专利违法行为，除依法承担民事责任外，由管理专利工作的部门责令改正并给予公告，没收违法所得，可以并处违法所得4倍以下的罚款；没有违法所得的，可以处20万元以下的罚款；构成犯罪的，依法追究刑事责任。

管理专利工作的部门认定假冒专利行为成立的，应当责令行为人采取下列改正措施：

1）在未被授予专利权的产品或者其包装上标注专利标志、专利权被宣告无效后或者终止后继续在产品或者其包装上标注专利标志或者未经许可在产品或者产品包装上标注他人的专利号的，立即停止标注行为，消除尚未售出的产品或者其包装上的专利标志。产品上的专利标志难以消除的，销毁该产品或者包装。

2）销售第1）项所述产品的，立即停止销售行为。

3）在产品说明书等材料中将未被授予专利权的技术或者设计称为专利技术或者专利设计，将专利申请称为专利，或者未经许可使用他人的专利号，使公众将所涉及的技术或者设计误认为是他人的专利技术或者专利设计的，立即停止发放该材料，销毁尚未发出的材料，并消除影响。

4）伪造或者变造专利证书、专利文件或者专利申请文件的，立即停止伪造或者变造行为，销毁伪造或者变造的专利证书、专利文件或者专利申请文件，并消除影响。

5）其他必要的改正措施。

（三）展会知识产权保护

2008年3月，北京市实施《北京市展会知识产权保护办法》，加强对于北京市行政区域内举办的展览会、展销会、博览会、交易会、展示会等活动中有关专利权、商标权、版权等知识产权的保护。

1. 主办方、参展方义务

主办方应当根据国家有关规定和实际工作需要设立展会知识产权投诉机构，在与参展方订立的参展合同中应约定双方知识产权保护的权利、义务和相关内容，并在展会举办期间履行下列职责：

1）接受知识产权侵权投诉，协调解决侵权纠纷。

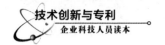

2）提供知识产权保护法律及相关专业技术方面的宣传和咨询服务。

3）在显著位置公示知识产权行政管理部门的受案范围和联系方式，并公布主办方或者投诉机构的服务事项、地点及联系方式。

4）应知识产权权利人或者利害关系人的合理要求，出具相关事实证明。

5）主办方应当履行的其他职责。

2. 展会知识产权侵权纠纷处理

知识产权权利人或者利害关系人认为参展项目侵犯其知识产权的，可以依照有关规定向主办方或者主办方设立的投诉机构投诉。

主办方或者投诉机构接到投诉后应当及时指派工作人员进行调查处理。

被投诉人在被告知其参展项目涉嫌侵权后，应当及时出示权利证书或者其他证据，证明其拥有对被投诉内容的合法权属，作出不侵权的举证，并协助主办方或者主办方设立的投诉机构工作人员对涉嫌侵权物品进行查验。

被投诉人不能作出有效举证的，应当按照与主办方的合同约定将涉嫌侵权的物品自行撤展；被投诉人不自行撤展的，主办方或者主办方设立的投诉机构可以作出撤展的决定。

主办方不履行职责的，由知识产权行政管理部门依照各自的管理职责责令改正，拒不改正的，可处1000元以上3万元以下罚款。

（四）海关知识产权保护

海关的知识产权边境保护，把守着防止侵权产品冲击企业国际市场份额、损坏企业声誉的最后一道大门。

知识产权权利人可向海关总署办理知识产权海关保护备案；知识产权权利人发现侵权嫌疑货物即将进出口，可以向海关提出扣留侵权嫌疑货物的申请，要求海关予以临时扣留。海关扣留侵权嫌疑货物后，应当依法对侵权嫌疑货物及其他有关情况进行调查，经调查后认定侵犯知识产权的，由海关予以没收。

三、专利司法保护

除行政保护外，专利权人或者利害关系人也可以直接向人民法院提起专利侵权诉讼，即通过司法途径寻求专利权保护。

在专利诉讼中，专利权人或者利害关系人可以要求法院判令侵权人停止侵权，并赔偿损失。

侵犯专利权的赔偿数额按照权利人因被侵权所受到的实际损失确定；实际损失难以确定的，可以按照侵权人因侵权所获得的利益确定；权利人的损失或者侵权人获得的利益难以确定的，参照该专利许可使用费的倍数合理确定；权利人的损失、侵权人获得的利益和专利许可使用费均难以确定的，人民法院可以根据专利权的类型、侵权行为的性质和情节等因素，确定给予1万元以上100万元以下的赔偿。

赔偿数额还应当包括权利人为制止侵权行为所支付的合理开支。

专利权人根据实际案情的需要，在满足法律规定的前提下，可以依法向法院申请诉前禁令、诉前证据保全等措施，但需要根据法院要求提供相应的担保。

第三节 专利运用与保护实例

一、前沿专利跟踪

前沿技术指高技术领域中具有前瞻性、先导性和探索性的重大技术，如基因与蛋白质工程、虚拟现实、激光及卫星导航技术等，是一个国家高技术创新能力的综合体现。

前沿专利追踪即针对前沿技术开展专利检索分析，从中挖掘技术方案、发展路线、主要权利人、专利布局等关键信息，帮助研究人员更加全面地了解前沿技术的研究现状、发展方向、趋势和专利布局情况，为进一步的研究和专利工作提供定向指导和参考。

案例

DNA存储技术是以DNA分子为存储介质，通过对碱基对信息进行编码并将信息存储于DNA分子上，通过生化实验法实现数据读取和写入操作的相关技术。

DNA分子具有惊人的存储容量，1米^{3}的DNA溶液可存储1万亿亿的二进制数据。而DNA计算机消耗的能量仅为电子计算机的1/（10亿）。

DNA数据存储技术的研究和应用将使未来数据存储难题迎刃而解，是典型的前沿性技术。2013年，*Science*杂志发表了一篇文章，该文章的作者成功地将739KB的数据编码到DNA并实现100%无错解码，刷新了DNA数据存储技术领域的世界纪录，成为各大媒体报道的热点。

2013年，北京某知识产权咨询有限公司针对DNA数据存储技术开展了专利跟踪研究。首先，通过文献和资料对相关技术范围进行了界定。其次，确定检索关键词，在此基础上进行专利检索，并对检索到的数据进行筛选、分组及标引等进一步加工，得到可分析的数据。最后，对专利申请数量、地域趋势、重点申请人和主要技术领域分类等指标进行了统计，并通过核心专利解析等方式进行了深入地专利信息挖掘，形成DNA数据存储技术专利分析报告。

DNA数据存储技术专利跟踪报告一经推出就取得了非常好的效果，相关高校、科研单位和企业踊跃订购。看过该报告的一位科研人员说："DNA数据存储技术专利分析报告中提供的一篇美国专利文献和对于技术发展脉络的分析给我的研究工作带来了很大启发，报告具有很高的实用价值。"

目前，此家知识产权咨询有限公司正筹备推出更多的前沿专利追踪报告。

点评

该案例的成功之处在于：一是选题恰当，DNA数据存储技术是真正的世界前沿技术，研究价值巨大；二是时机恰当，相关技术目前处于早期研究阶段，此时进行专利追踪分析对于关键技术研发、专利布局和未来市场应用意义显著；三是分析恰当，报告数据全面、准确，对于主要专利权人和技术发展路径的分析为我国研发人员的相关研究和专利工作提供了有效参考。

二、创新立项决策

创新活动，特别是技术创新活动，具有高风险与高收益并存的显著特征，因此，创新活动的立项决策，如是否立项、如何立项及实施策略等，对于创新活动的效果就显得十分关键。

可行性研究是创新活动立项的重要决策依据，而其中对于所涉及技术相关专利情况的分析又是可行性研究的重要内容，对于创新活动的整体风险管理乃至成败具有指导性意义和决定性价值。

案例1

某校教授就某课题申报国家科研项目，作为该科研项目申请报告的组成部分，在申报前需要进行国内外专利调研，并形成该课题专利研究报告。

专利研究报告从行业调查和需求分析入手，主要对国内外专利申请、技术领域、地域分布、主要专利权人和技术生命周期等进行相关分析，并就来自中、美、日、德的主要专利权人的相关情况进行进一步挖掘，指出其技术研发方向与专利申请及布局情况等重点指标，最终形成专利研究分析报告。

该专利研究报告涵盖大量客观专利数据与信息，为项目专利策略的制定和实施提供了有效支撑，成为项目审核部门立项决策的重要参考。

案例2

国内某电力企业欲进军中压配电产品市场，但需要了解该领域技术发展态势和主要竞争对手发展现状等信息，以作出相关决策。

在对中压配电相关技术进行专利趋势、区域、权利人和技术构成等分析的基础上，对该领域主要专利权人，即竞争对手，又从专利布局和专利侵权风险评估等角度进行了重点分析与论证，形成专利分析报告。

该报告使企业较为全面地了解了中压配电行业技术和专利的整体发展与布局，并对相关技术发展和市场前景等进行了预测，为该企业进军中压配电市场决策及后续发展定位提供了重要的参考依据。

点评

上述案例说明，专利分析对于创新活动的决策和实施具有较强的指向性作用。专利分析要兼具前瞻性和务实性，既要回答企业最关心的技术、成本和专利风险等问题，又要从策略性高度提出关于产品、市场和收益的建设性建议，提高创新活动立项决策的科学性和准确性。

三、专利合理借鉴

专利合理借鉴泛指在科学研究过程中合理、有效利用专利文献信息，为技术等相关研究提供参考，从而达到明晰研发方向，抓准研发重点，回避现有技术，避免重复研发，有效节约研发成本等目的。

案例

我国某通信行业无线通信技术领域的领军企业，拥有大量我国自主研发的第三代移动通信技术国际标准TD-SCDMA基础专利，是该标准的主要倡导者和推动者。

该公司的研发与专利工作紧密结合，在研发过程中对于专利的借鉴主要通过贯穿整体研发过程的专利分析而实现。

在项目研发初期，企业专利工作人员结合产品需求和技术标准等要求，确定相关技术主题进行专利检索，并对检索到的专利技术方案进行逐一分析和归类，形成分析报告，供研发技术人员参考。在研发工作过程中，专利工作人员与技术人员根据所遇到的实际问题不断调整专利的检索方向和策略，从而获得所需的专利信息。

通过对专利分析报告的学习研讨，研发人员可以了解技术发展的方向和趋势，启发创新思维，同时进行相应规避设计，避免专利侵权风险。

点评

专利制度的本质在于通过授予临时性垄断权换取技术发明人对于发明创造内容的公开，从而推动社会技术创新的整体发展。该案例中，企业通过制度化的手段，在技术创新中对于专利所公开的技术信息进行合理借鉴，有效提升了技术创新的质量和效率，实现了降低创新成本和风险的目的，最终提升了企业的核心竞争力。

四、专利申请先行

专利申请在先，指两个以上的申请人分别就同样的发明创造申请专利的，专利权授予最先申请的人。目前，包括我国在内的全世界的绝大多数国家均实行先申请制。而随着2013年3月美国新专利法的实施，美国也开始采用先申请制。

先申请制的重点在于，对于不同日期申请的专利，以申请日的先后作为判断是否授权的标准。因此，将创新成果及时申请专利是十分必要的，否则可能会让竞争对手捷足先登，受制于人。

案例

1992年，在美国举办的国际广播电视技术展览会上，美国C-CUBE公司展出的一项不起眼的图像解压缩（MPEG）技术引起了时任安徽现代集团总经理姜万勐的兴趣。他凭直觉立刻想到，用这一技术可以把图像和声音同时存储在一张小光盘上。此后，姜万勐出资57万美元购买了该项技术，并于1993年9

月将MPEG技术成功地应用到音像视听产品上，研制出一种物美价廉的视听产品——VCD。随后，姜万勐又与美籍华人孙燕生共同投资1700万美元成立万燕公司，将VCD播放机推向了市场，使VCD产品在随后的几年里风靡全球。

在万燕公司成立初期，姜万勐片面地认为尽快让产品占领市场最重要，而专利申请对于市场竞争的意义不大。由于缺乏专利保护，国内外各大家电公司纷纷模仿万燕公司技术，并生产自有品牌的VCD播放机，将万燕公司的半壁江山蚕食殆尽。

点评

本案和中国DVD产业的故事相信很多读者早已耳熟能详。兵法有云："兵马未动，粮草先行。"事实证明，缺乏缜密专利布局的有效保护和支持，无论产品还是企业往往会很快陷入红海式的竞争，遭遇价格与利润的两难境地。而专利申请先行正是企业树立市场地位，避免无序竞争的重要手段。时间流逝，VCD技术已逐渐被人遗忘，但"专利先行"的案例将时刻警醒后人。

五、专利协同保护

创新成果往往直接体现为技术成果，而技术成果要取得知识产权保护，需要按照知识产权制度进行转换。现代工业环境下的技术成果，其知识产权保护往往是综合的，因此，对一项技术成果的知识产权保护，要结合成果的自身特点、权利人自身发展需要和行业竞争特点等诸多因素综合确定，以获得最佳保护效果。

案例

北京A公司成功研发一种汉字手写输入技术，其特点在于经过长期研究实验，发现了一种提取手写汉字笔迹特征的方法，很好地解决了汉字手写输入技术中的识别速度和识别率问题。该技术成果主要体现为计算机软件及数据库。

此后A公司发现B公司采取反编译等反向工程技术措施，破解了A公司提取汉字特征的方法，并推出了与A公司产品技术基本相同的产品。A公司遂起诉B公司侵权。

由于A公司对此项技术成果仅采取了著作权保护的单一措施，B公司遂在诉讼中以计算机软件代码不同为理由进行抗辩。

此后，A公司放弃了对于计算机软件代码的知识产权主张，转而主张B公司侵犯数据库相关知识产权。

而法院最终认定B公司数据库对于A公司数据库存在明显抄袭行为，侵犯了A公司对于数据库的知识产权，遂判令B公司停止侵权，并赔偿损失。

点评

在上述案件中，A公司虽然取得胜诉的结果，但带有一定偶然性。在软件技术领域，著作权保护主要适用于软件文档和程序代码本身，但却不延及对于技术方案，即思想的保护。对此，只有通过专利保护才能实现。如果不是B公司存在明显抄袭A公司数据库的行为，法院则很难认定其侵犯A公司知识产权。

国际上的知名软件企业，如微软、谷歌等，均非常注重利用著作权制度与专利制度等对其核心技术进行协同保护，以获得对其核心技术最大限度的知识产权保护。这也是我国软件企业应当特别注意的问题。

六、专利标准融合

全程全网、互联互通的特性使得移动通信产业天然就存在着标准化需求。而随着新技术、新业务的不断涌现，知识产权，特别是专利，与技术标准之间的结合同样愈发紧密。

本质上，标准往往代表一种公共利益，具有公有性，而专利在法律保护期内则具有很强的私有性。在移动通信产业，专利与标准之间的碰撞和磨合一直伴随着产业的发展历程，并产生了深远影响。

案例

回顾世界移动通信技术的发展及商用化历史，我国企业走过了从无到有、从弱到强的发展历程，而专利与标准在其中无不扮演了关键角色。

在第一、第二代通信技术时代，世界通信产业主要由欧美企业主导。第一代模拟制式移动通信的使用最早可追溯到1921年美国底特律警察局的无线电话，而其大规模商用化则是在20世纪70年代末蜂窝移动通信系统面市之后。但第一代移动通信技术标准未形成主流的技术标准。

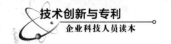

相对于第一代通信技术，第二代移动通信技术形成了GSM（Global System for Mobile Communications）和CDMA（Code Division Multiple Access）两大标准，而专利在其中扮演了愈发重要的角色。

在GSM标准的形成过程中，欧洲的通信运营商曾试图要求制造商提供免费的专利许可，但遭到了以摩托罗拉为代表的众多制造商的强烈反对。之后，摩托罗拉、诺基亚、爱立信、西门子和阿尔卡特五家公司组成战略联盟，通过专利交叉许可等手段形成了对于GSM标准的高度垄断。这种高度垄断使得专利许可费曾高达GSM手机成本的近30%，那些不具备专利交叉许可条件的企业则被排斥在手机市场之外。在CDMA标准方面，美国高通公司凭借众多专利储备而一家独大。

在第一、第二代通信技术时代，我国移动通信产业基础薄弱，基本不具有话语权。而我国企业由于缺乏核心专利技术，不得不向欧美通信巨头持续缴纳高额专利许可费。

这种情况在第三代移动通信技术商用化过程中开始有所改观。

吸取了GSM和CDMA时代的教训，我国企业开始积极参与并主导第三代移动通信技术四种标准之一——TD-SCDMA标准的发展。如大唐移动等企业持有大量该标准所包含的专利，形成了明显优势，同时，中兴、华为等企业也开始在世界舞台上崭露头角。

虽然我国在WCDMA和CDMA2000两个第三代移动通信技术标准上并不占有核心专利，仍须对其在我国的商用网络缴纳专利费，但由于有了TD-SCDMA的制衡，我国企业在这两种标准的专利许可方面获得了一定的谈判能力，也逐步学会了使专利与标准相结合的基本运作规则。

而对于第四代移动通信技术，我国以华为、中兴等为代表的通信企业早已未雨绸缪，参与制定LTE-Advanced标准，将更多的专利融入这个标准之中，而华为也成为LTE标准中必要专利的主要持有者之一。此外，我国企业积极参加国际LTE专利池，影响其专利许可运作规则，使其向有利于我国企业发展路径的方向发展。我国部分企业已基本具备了与国外通信企业的平等议价能力，使我国在该领域上占据了一席之地。

点评

当前，专利已成为技术标准的核心要素，而专利的利益分配规则更主导着相关产业的利益格局。本案中，从2G时代只能向国外企业"交学费"，到4G时代与国外企业分庭抗礼，我国企业在移动通信产业的国际话语权随着所掌握核心专利数量的增加而大幅提升，并正逐步完成从跟随者到领导者，从游戏规则接受者到游戏规则制定者的转变。

一流企业做标准。专利与标准相融合所产生的驱动力，对于当前我国加快产业结构升级和经济发展方式转变具有重要推动作用。对于本案，我国产业界的领军企业和政策制定者都应认真研究。

七、专利风险预警

专利风险预警，指企业等技术创新主体通过对本技术领域的专利及相关技术情报进行收集、整理和分析判断，从而对可能发生的重大专利风险及可能产生的危害程度作出预报的一系列活动。

专利风险预警工作要求企业实施专利战略，具备较为完善的专利管理制度、较强的专利信息分析运用能力和较为广泛的市场监控网络。专利风险预警机制的建立，对于企业在生产、经营等活动中主动防范或规避专利侵权风险具有显著效用。

案例

1994年，辉瑞公司向中国申请万艾可发明专利，并于2001年获得国家知识产权局发明专利授权。在此期间，国内有多家企业也开始自行投资研发万艾可的主要成分西地那非，并且部分企业已进入了临床实验阶段。万艾可发明专利获得授权后，由于我国药企已投入巨大的研发成本，同时，该药具有巨大商业价值，全国20余家制药公司组成联盟，向国家知识产权局专利复审委员会提出发明专利无效申请。

2004年，专利复审委员会以"专利说明书公开不充分"为由宣告万艾可专利无效。同年9月，辉瑞公司不服专利复审委员会的决定，向北京市第一中级人民法院提起诉讼。2006年6月，法院判决撤销专利复审委员会决定。辉瑞公司

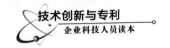

一审胜诉，二审维持原判，至此，辉瑞公司重新拥有了万艾可专利权。

而该专利也为辉瑞公司带来了巨额经济效益。在进入中国市场的第一年，万艾可销售额不足5000万元，而到2012年，万艾可在我国销售额已达近10亿元。

点评

万艾可案是一个我国企业由于缺乏专利战略与风险意识而导致巨大市场和经济利益损失的沉痛案例。然而该案的意义却不仅在于其本身，而是提出了"在当前转变经济发展方式的关键时期，我国企业如何运用好专利和知识产权制度，实现创新驱动发展"这一重要命题，值得我们深思。

八、专利障碍排除

专利障碍，指一个国家或企业依靠其技术垄断优势，以保护专利等名义，利用甚至滥用专利制度等法律保护，设置或实施的不合理的障碍或措施。

专利障碍是知识经济环境下催生新型知识产权壁垒的重要表现形式，歧视性、针对性、隐蔽性特点极强，且具有一定程度的合法和合理性。设置专利障碍的结果是限制、阻止他人相关产品进入本地市场或使其丧失竞争力。

专利障碍排除即通过合法手段，解除专利障碍或降低其威胁及风险。

案例

国内公司A和国际知名公司B同是国际知名跨国公司C的零件供应商。B公司在全球布局上百件专利，并在其网站上声明其知识产权可以强而有效地保护客户终端产品。

B公司以A公司产品侵犯其某项专利权为由，多次向A公司发出专利侵权警告函，并告知C公司。鉴于此，C公司通知并要求A公司就此提出不侵权证明。

经过对涉嫌侵权专利进行相关检索和仔细分析后，A公司发现该公司产品不侵犯B公司该项专利权，且B公司的该项专利处于异议状态，专利权不稳定。

由此，A公司聘请知名专利代理机构和律师向C公司出具了不侵权报告和对于B公司该项专利权的稳定性分析报告。

C公司最终认可两项报告，决定继续从A公司采购产品，同时转而开始调查

B公司的专利权稳定性问题。A公司的专利侵权危机顺利解决。

点评

当前，涉及知识产权的贸易摩擦呈现快速上升趋势。本案中，B公司利用专利设置障碍阻止C公司采购A公司产品，以达到排挤打压竞争对手的目的。而A公司采取积极态度，通过聘请有经验的服务团队，开展大量技术和专利分析工作最终寻找到不侵权的有力证据，并通过与客户的积极沟通，成功化解专利障碍危机的做法非常值得借鉴。

九、专利海外运营

专利运营，是企业为获取与保持市场竞争优势，将专利这种特殊资本进行运用，实现其价值，谋求最佳经济效益的活动。随着国内企业走向国际市场脚步的加快，专利的海外运营已成为企业专利运营活动的重要组成部分，成为我国企业走向海外的必经之路。

案例

钕铁硼是一种广泛应用于电动机、风电、汽车配件和众多IT产品中的永磁材料，来源于对稀土材料的加工，国内生产企业众多。

但长期以来，国内多数企业过于关注价格，技术创新和专利保护意识淡薄。相比之下，日本企业的专利保护和海外布局意识与能力均更加强大，如日本某公司，针对钕铁硼及相关技术在全球申请专利达600余项，其中，在美国申请100余项，在中国申请超过300项，技术领域涵盖材料成分、工艺、产品等各方面，形成了较为严密和完善的钕铁硼及相关技术全球性专利布局和保护体系。

之后，我国多家企业为生产及出口钕铁硼产品，不得不向该日本企业缴纳多达年销售额5%左右的专利许可费。

而相对很多国内同行企业，A公司非常注重知识产权保护工作：一方面，制定了较为完善的技术研发、专利战略、布局设计、技术秘密保护和风险管理等系列制度。另一方面，不断在他人既有的专利布局网络中寻找空白点，开展革新性或改进性技术研发、专利申请和海内外布局工作。同时，建立起针对产品出口的专利预警分析机制，提前做好应急预案与防范工作，在一定程度上实

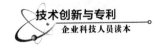

现了海外专利布局的突破。

这也使得A公司在包括4家中国企业在内的全球29家企业被美国国际贸易委员会发起"337调查"的情况下，并未牵涉到任何侵权争议之中，保持了良好的发展态势。

点评

专利海外运营的本质是专利权人利用专利制度的地域性特征，在全球市场环境下，最大化实现专利的价值。众所周知，日本是稀土原材料的净进口国。而本案中的日本企业通过在中国进行专利布局，成功实现了在中国市场的高额收益，从而扭转了进口稀土材料所需大量成本的局面，足以显示专利海外布局的巨大效用。

面对这种情况，作为我国本土公司的代表，A公司采取积极的专利策略，将企业创新与专利布局等工作紧密结合，主动管理专利风险，对企业的持续、稳定发展发挥了不可替代的保驾护航作用。这两方面的经验同样值得国内众多企业学习和借鉴。

十、专利无效宣告

专利权无效宣告请求是专利法赋予社会公众的重要权利，是专利制度实现专利权人和其他社会公众利益平衡的保障性制度。任何单位或个人自专利权公告授予之日起，认为该专利权的授予不符合专利法有关规定的，均可以请求专利复审委员会宣告该专利权无效。宣告无效的专利权视为自始即不存在。

案例

A公司为北京的一家贸易公司，2008年申请了"安全带式箱包"发明专利，并于2010年获得授权。2012年，A公司发现在北京B公司销售的一款安全带式箱包涉嫌侵犯A公司专利权，遂向北京市第一中级人民法院提起专利侵权诉讼，要求判令B公司停止侵权，赔偿经济损失90万元，并承担其为制止侵权行为所支出的合理费用等。

B公司知悉被诉事宜后，聘请了专业的专利律师负责案件分析和应诉工作。经对涉案专利及案情的细致分析，B公司及律师认为A公司用于起诉的专利权本身存在权利稳定性问题，遂就涉案专利向国家知识产权局专利复审委员会提起专利权无效宣告请求，一审法院根据无效宣告请求受理通知书决定案件中止审理。

在专利权无效宣告程序中，专利复审委员会根据B公司提供的专利对比文件和境外公开出版的杂志上介绍有关安全带箱包的记载文献等证据，依法宣告A公司涉案专利权全部无效。

这一结果迫使A公司主动向受案法院申请撤回了对B公司的侵权指控，双方围绕专利侵权的争议暂告一段落。

点评

专利权无效宣告请求是授予专利权的救济制度。实践中，是应对专利侵权诉讼、化解专利风险的有效手段。本案中，B公司利用涉案专利的新颖性和创造性缺陷，成功无效了涉案专利，对案件起到了"釜底抽薪"的最佳效果。本案所带来的另一启示：实践中，企业要特别注重专利权利的稳定性，努力提高专利申请的质量，避免发生专利整体无效的情况。

十一、专利侵权诉讼

民事诉讼是专利权人及利害关系人维护自身合法权利的重要手段。专利法规定，未经专利权人许可，实施其专利，即侵犯其专利权，引起纠纷的，专利权人可以向人民法院起诉。

案例

A公司是国际知名公司，持有"连铸坯导向单元和具有整体连铸坯导向单元的连铸坯导向扇形段"专利权。2007年，A公司以涉嫌侵犯上述专利权为由起诉我国B公司，要求停止侵权并赔偿损失。当时，我国某超大型设备全部采用该专利技术，如果专利侵权成立，仅设备损失就超过40亿元人民币。

案件发生后，B公司聘请了国内知名专利代理与诉讼团队，一方面与A公司进行和解谈判，另一方面针对涉案专利开展检索分析，寻求更多解决方案。

经认真检索与分析，B公司及专利代理与诉讼团队发现三篇专利对比文献，足以指出A公司涉案专利存在的稳定性问题。B公司遂以这些为依据，在与

A公司的和解谈判中逐步扭转了劣势，并最终与A公司达成和解，A公司随即撤销了诉讼案件。

点评

诉讼是专利权人维护自身权益的重要手段。本案中，我国B公司在聘请专业律师团队的基础上，通过和解谈判、积极寻找不侵权证据、提出专利权权利瑕疵等手段，以较小代价化解了一场专利诉讼纷争，是合理、有效应对专利侵权诉讼的典范。

实践中，专利侵权诉讼往往成本高、风险大、周期长，且诉讼的结果对于诉讼各方均可能产生决定性影响，企业应高度重视。而要从根本上应对专利诉讼，就需要企业未雨绸缪，不断提升专利的质量和管理专利风险能力，才能成竹在胸。

十二、海外参展争端应对

到国外参加相关产业领域的国际展览会，是国内企业走出国门、拓展国际市场的重要步骤之一。然而，国内企业在参加境外举办的各类国际展览会过程中，因涉嫌专利侵权而被查扣展品的情况时有发生，造成了一定损失。

对此，国内企业需要预先排查专利侵权风险，排除侵权嫌疑，避免被查扣参展展品的事件发生，更要准备好有关证据，制定好争端应对预案，有效化解海外参展中的专利争端，这对于国内企业更加安全地参加国际展览会至关重要。

案例

慕尼黑国际工程机械、工业车辆、建材、矿山机械、零部件博览会是世界最大的工程机械类专业展会。2010年4月，中国工程机械工业协会组织我国企业参展，我国展团总展位面积超过1.6万米^2。

在该展会中，参展中国企业共发生知识产权纠纷8起，其中3起为询问函，5起为临时禁令，涉及发明与外观设计专利。我国A公司是5家收到临时禁令的企业之一，申请人为某国B公司。展会结束后，A公司聘请专业律师团队，就临时禁令开展维权活动。经过对涉嫌侵权专利的仔细研究，向法院提出了若干抗辩理由。

慕尼黑地方高级法院经审理后认定我国A公司产品并不侵犯某国B公司专利权，遂判决取消展会上的临时禁令，诉讼费用由申请禁令的某国B公司承担。这也意味着我国A公司取得了此次展会专利纠纷的胜利。

点评

近年来，我国企业在海外参展时遭遇专利纠纷的情况愈发频繁。上述案例中，我国企业已及时采取了正确的应对措施并最终获得了案件胜诉的结果，但尽管如此，展会临时禁令所造成的社会负面影响已难以挽回。

该案例提示我们，对于在海外参加展会，企业一定要高度重视，做好事前专利分析、法律学习和证据筹备等工作，同时制定应急预案，以积极的姿态和充分的准备应对海外知识产权纠纷和诉讼，以赢得海外维权的胜利。

练习题

1. 什么是专利文献？
2. 专利信息有哪些特点和作用？
3. 专利战略的作用是什么？
4. 什么是专利预警？
5. 专利转化运用主要有哪些形式？
6. 将专利与技术标准相结合有什么作用？
7. 我国发明、实用新型和外观设计专利权的保护范围各是什么？
8. 侵犯专利权的行为有哪些？
9. 专利行政管理部门的专利行政保护职能有哪些？
10. 为什么要进行前沿专利跟踪？
11. 哪些人可以提出专利无效宣告请求？
12. 哪些人可以提起专利侵权诉讼？

第七章

专利促进政策与专项工作

第一节　专利促进政策

一、专利费用减缓

2006年，国家知识产权局发布《专利费用减缓办法》，规定申请人或者专利权人缴纳有关专利费用确有困难的，可以请求国家知识产权局专利局减缓缴纳有关费用。

1．费用减缓类别

经国家知识产权局专利局批准，下列专利费用可以减缓。

1）申请费（其中公布印刷费、申请附加费不予减缓）。

2）发明专利申请审查费。

3）年费（自授予专利权当年起三年内的年费）。

4）发明专利申请维持费。

5）复审费。

2．费用减缓对象及比例

1）申请人或者专利权人为个人的，可以请求减缓缴纳85%的申请费、发明专利申请审查费、年费及80%的发明专利申请维持费和复审费。

2）申请人或者专利权人为单位的，可以请求减缓缴纳70%的申请费、发明专利申请审查费、年费及60%的发明专利申请维持费和复审费。

3）两个或者两个以上的个人或者个人与单位共同申请专利的，可以请求减缓缴纳70%的申请费、发明专利申请审查费、年费及60%的发明专利申请维持费和复审费。

4）两个或者两个以上的单位共同申请专利的，不予减缓专利费用。

3. 申报条件

申请人或者专利权人请求专利费用减缓的，应当提交费用减缓请求书，必要时还应附具有关证明文件。费用减缓请求书应当由全体申请人或专利权人签字或者盖章。

4. 专利费用减缓请求不予批准的情况

有下列情况之一的，专利费用减缓请求不予批准。

1）未使用专利局制定的费用减缓请求书的。

2）全体申请人或者专利权人未在费用减缓请求书中签字或者盖章的。

3）提出费用减缓请求的单位或者个人未提供符合本办法第七条规定的证明的，即未如实填写本人的年收入情况，或不能提供市级以上人民政府管理专利工作的部门出具的关于其经济困难情况的证明的。

4）申请人或者专利权人的个人年收入超过2.5万元人民币的。

5）费用减缓请求书中未注明全体申请人或者专利权人的个人年收入的。

6）申请人或者专利权人为两个以上单位的。

7）费用减缓请求书中的申请人或者专利权人名称或者发明创造名称与专利请求书中的相应内容不一致的。

二、专利申请资助

为鼓励发明创造，提高北京市专利申请的数量和质量，促进科技、经济和社会的发展，2007年，北京市知识产权局、北京市财政局出台《北京市专利申请资助金管理暂行办法》，主要用于对专利第一申请人为北京市确有困难的单位和户籍在北京市（或具有北京市居住证）的个人申请国内发明专利、实用新型专利、外观设计专利及单位向外国申请发明专利给予资助。

（一）资助范围

1）向国内申请的发明专利、实用新型专利和外观设计专利的申请费、实质

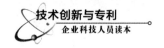

审查费、附加费。

2）资助金主管部门认为有必要资助的其他专利费用。

3）通过PCT途径或其他途径向外国申请发明专利的部分申请费用。

列入北京市重点发展计划以及重点发展领域的项目，高新技术、技术改造项目，北京市专利试点单位、示范单位的项目和发明专利申请项目可优先获得资助。已在政府项目资金中列支专利申请等专利事务经费的，不得重复申报专利申请资助。

（二）资助标准

1．北京市专利试点单位

每项发明专利申请的最高资助标准为申请费950元人民币，实质审查费2500元人民币。实际支出未达到上述金额的，按实际支出资助。发明专利申请的附加费（说明书附加费和权利要求附加费），按实际支出金额资助。

实用新型和外观设计专利申请的最高资助标准为500元人民币。实际支出未达到上述金额，按实际支出资助。

2．北京市专利示范单位

每项发明专利最高资助标准为5000元人民币。其中申请费950元人民币，实质审查费2500元人民币。实际支出未达到上述金额，按实际支出资助；其余部分用于对年费、登记费、维持费、印花税等费用的资助。附加费（说明书附加费和权利要求书附加费）按实际支出资助。

实用新型和外观设计专利申请的最高资助标准为500元人民币。实际支出未达到上述金额，按实际支出资助。

3．其他单位和个人

每项发明专利申请的最高资助标准为申请费950元人民币，实质审查费1200元人民币。实际支出未达到上述金额，按实际支出资助。发明专利申请的附加费（说明书附加费和权利要求附加费），按实际支出金额的半数资助。

实用新型和外观设计专利申请的最高资助标准为150元人民币。实际支出不足上述金额，按实际支出资助。

4．向外国申请专利

单位申请人通过PCT途径向外国申请专利的，可以分阶段资助，国际阶段资助1万元人民币／项，国家阶段资助1万元人民币／国／项。通过其他途径向外国申请专利的，资助2万元人民币／国／项。

一项专利申请向多个国家提出时，最多资助向五个国家申请的部分费用。每个单位每年最多获得国外专利申请资助50万元人民币。

单位申请人年度内（1月1日至12月31日）向外国申请专利10项以上（含10项），对其年度内获得授权的发明专利，每项再资助1万元人民币。

（三）申请资助条件

申请国内专利资助金的单位和个人须报验下列材料。

1）《北京市国内专利申请资助金申请表》。

2）企业提交营业执照及单位介绍信、代办人身份证。

3）国家知识产权局专利局北京代办处出具的专利申请受理通知书、开具的收费收据，分案申请、优先权申请提交国家知识产权局出具的专利申请受理通知书、开具的收费收据。

4）发明专利提交申请文件中的《说明书摘要》。

5）办理发明实质审查费的资助，同时提交《进入实质审查程序通知书》。

6）办理发明专利授权的资助，同时提交授权通知书及年费、维持费等相应收费收据。

向外国申请专利的单位申请专利资助时除提交上述1）、2）、4）项外，还须提交国内专利申请受理通知书、向外国申请专利的相关申请文件，进入国家阶段的须提交相应国家的受理通知书。通过其他途径申请外国专利的应提交相应国家的受理通知书和各项费用的凭据等文件。办理授权费的资助，应同时提交相关专利证书。

三、专利权质押贷款贴息

为加强培育具有自主知识产权核心竞争力的高新技术产业，推动专利权质押贷款业务发展，北京市知识产权局、北京市财政局通过中关村国家知识产权制度示范园区知识产权专项资金，对于以知识产权质押方式，特别是以专利权质押方式获得银行贷款的项目给予部分利息资助。

1．申报条件

申报单位须符合以下条件：

1）是注册于中关村园区的高新技术企业，无不良信用记录。

2）具有较强研发实力，拥有一定数量的授权发明专利。

3）知识产权工作机构健全、制度完善，配有专职知识产权工作人员，每年有相应的资金用于知识产权的创造、管理、运用和保护。

4）财务状况良好。

5）项目符合国家产业政策，且具有潜在的经济效益，用于质押的知识产权须权属清晰、法律状态明确，申报项目已获得银行贷款。

2．资助比例

贷款贴息项目按照当年所需支付利息的50％予以补贴，每个企业每年贴息额不超过20万元。已获得同类资助的，不再重复资助。

3．申报材料

项目申报单位须提交以下材料：

1）项目申报书。

2）申报单位营业执照（副本）。

3）高新技术企业证书。

4）项目负责人及主要工作人员身份证明材料。

5）银行贷款协议书（仅限于申报贷款贴息的项目）。

6）其他必要的证明材料（如专业机构出具的财务审计报告、行业许可证、生产许可证、检测报告、质量认证、环保证明等）。

四、专利海外预警

2008年，北京市财政局和北京市知识产权局出台《北京市企业海外知识产权预警和应急救助专项资金管理办法（暂行）》，鼓励北京企业拓展海外市场，增强海外知识产权风险防范和应对能力。

1．申报条件

申请资助的项目所属企业应符合以下条件：

1）属于北京市内具有独立法人资格的内资或内资控股企业。

2）属于信息、生物医药、先进制造、新材料、新能源、现代农业等重点行业领域并对本行业有重要影响的企业。

3）有产品或技术向国外输出或计划拓展国外市场的企业。

4）具备一定的国内外知识产权申请和拥有量，且对知识产权工作有相应资金投入、相关人力资源条件和配套设施的企业。

2．资金使用范围

专项资金主要用于向企业提供知识产权相关的信息咨询、法律咨询等服务，包括帮助企业进行海外知识产权检索，收集与跟踪相关的数据信息；为企业提供知识产权部署分析、侵权风险分析、技术状况分析等服务，提出应对潜在风险的策略和建议；针对可能或已经对产品出口、行业安全、国际声誉构成风险的海外知识产权问题，向企业或所在行业组织提供信息支持、法律咨询及教育培训等综合服务。

3．资金标准

专项资金按照项目实际所需费用的50%予以资助，最高资助额度不超过50万元。

五、专利商用化资助

2010年6月，北京市知识产权局、北京市财政局出台《北京市专利商用化促进办法》，对符合条件的专利转让、专利许可行为进行资助，激励和支持专

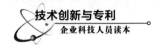

利技术商用化。

1. 资助对象

资助本市专利权人的下列行为：

1）专利权人以取得实际货币收入为目的，将专利权转让给受让方，并依法办理了权属变更登记的专利转让行为。

2）专利权人以取得实际货币收入为目的，允许他人实施其专利技术的专利许可行为。

其中，本市专利权人指注册地址为北京的法人专利权人及户籍所在地为北京的个人专利权人。

2. 资助条件

1）专利权人每一次专利转让或专利许可行为可以提出一次资助申请。

2）申请资助的专利转让、专利许可应当依法签署合同，并在北京市的专利合同登记机构办理登记手续。

3. 资助标准

以专利转让或一次专利许可的交易额为基础：

1）交易额在500万元以下的，不予资助。

2）交易额超过500万元的，资助金额为超出部分的5%，最高资助限额为50万元。

3）受让人或被许可人是注册地为北京的法人企事业单位的，资助金额为2）的2倍，最高资助限额为100万元。

六、北京市发明专利奖

2007年5月，北京市人民政府办公厅印发《北京市发明专利奖励办法》，设立北京市发明专利奖，每两年评选一次，2013年为第三届。

1. 奖励范围

北京市发明专利奖重点奖励符合下列条件之一的发明专利：

1）属于北京市国民经济和社会发展规划纲要确定的重点行业或重点领域，并取得显著经济效益或社会效益的。

2）对解决产业结构调整、经济增长方式转变、节能降耗减排以及城市运行、管理和安全、交通拥堵等本市面临的现实疑难问题起到重要作用的。

3）对形成国家标准或国际标准发挥主要作用的。

2．奖励额度

北京市发明专利奖设一、二、三等奖，其中：

1）一等奖5项，每项奖励人民币20万元。

2）二等奖15项，每项奖励人民币10万元。

3）三等奖30项，每项奖励人民币5万元。

对北京市国民经济和社会发展有重大贡献的发明专利授予特别奖，授奖数1项，奖励人民币100万元。

3．申报条件

1）申报人应是在北京市注册或具有北京市户籍、工作居住证的专利权人，或者对北京市公共利益和社会民生有突出贡献的其他专利权人。

2）发明专利已经国家知识产权局授权。

3）发明专利法律状态稳定、权属明确。

已经获得国家技术发明奖、中国专利奖或市发明专利奖的，专利权属存在争议的或申报往届市发明专利奖未获奖且在实施中无新的实质性进展的不得申报市发明专利奖。

第二节　专利促进专项工作

一、知识产权托管工程

　　知识产权托管工程是集约化、定制化服务创新型中小企业知识产权工作的新模式。2008年，由北京市知识产权局在全国率先推出。

　　知识产权托管工程以政府引导搭建服务平台，将企业知识产权实际需求与知识产权服务机构专业优势相对接。在工作内容上，根据中小企业发展阶段与知识产权工作水平，划分入门、发展、提升和成熟四个辅导阶段，分别对应企业知识产权意识形成、能量累积、规则运用和资产经营等需求，形成单项式、顾问式和完全式三种托管模式。在工作体系上，以区（县）知识产权局、孵化器、服务机构等构建多方参与的工作体系，完善知识产权托管管理、运行、监督与服务支撑。

　　目前，知识产权托管工程已遍布北京中关村十余园及科技孵化器，为3000家中小企业提供专利战略制定、申请获权、挖掘布局、分析预警、信息运用、风险管理、转化运营等综合服务，入托企业专利申请年增长超过70%，知识产权培训覆盖率接近100%。

　　2013年，知识产权托管工程创新性引入高校与科研机构的知识产权优质项目资源和银行等金融机构的资本资源，开创了将高校、央属科研机构、金融机构和知识产权专业服务机构等多方资源共同聚集在托管试点基地，共同服务托管基地内企业的多维度集成服务的先例，在全国率先形成了为企业提供知识产权专业辅导、专利对接转化、项目融资增值的"三位一体"的知识产权多维度、立体化的集成对接托管服务新模式。

知识产权托管工程已成为政府以市场化方式提领中小企业知识产权工作，促进高新区、中小企业聚集区与科技孵化器等转变服务模式、提升服务能力，培育知识产权服务业发展的有效模式。

二、企事业单位专利试点工作

企业事业单位专利试点工作是以点带面推动企业知识产权工作和知识产权推广普及的重要基础性工作，是促进企业加强核心竞争力建设与加快发展的重要基石。北京市知识产权局自2004年启动专利试点工作。

专利试点工作着重构建企业事业单位知识产权工作的基础性架构，夯实根基。

在工作方式上，以企事业单位为主导，要求试点单位设立专利管理部门，配备一定的工作人员；开展专利战略研究，建立并完善知识产权管理规章制度，形成专利工作激励机制；提高企业专利拥有（申请）量，促进企业自主知识产权的形成，提升企业核心竞争力和发展活力；建设专利数据库，加强企业在研发、生产、营销、开拓市场和技术贸易中对于专利信息的有效运用；加强面向单位主管领导、专利工作人员和科技骨干的专利培训。

同时，政府通过为专利试点单位提供工作指导、人员培训、知识产权问题分析诊断、专利申请费用资助等多方面支持，帮助企业建立和完善知识产权管理制度，为试点单位培养一批"会检索、会申请、会管理、会经营、会保护"的"五会"知识产权管理人员。

截至目前，北京市共认定专利试点单位3100余家。通过专利试点工作，为企事业单位培养了4000多名专利管理人员，指导2000多家试点单位制定了专利管理制度，帮助90%以上的试点单位建立了专利管理部门，半数以上的试点单位配备了专职专利管理人员，试点单位专利申请量同比增长超过50%，占北京市专利申请总量的40%以上。

三、企事业单位专利示范工作

企事业单位专利示范工作是在更高的层次上推进企事业单位运用知识产权

战略，提高知识产权创造、运用、保护、管理综合能力，提升核心竞争力的专项工作，是专利试点工作的延续和深化。北京市知识产权局自2007年启动专利示范工作。

专利示范工作以专利试点工作为基础，在申报条件上要求企事业单位通过专利试点单位资格认定，在工作机制上采取区县知识产权局组织申报、推荐，市知识产权局组织专家评审的两级联动模式，在工作程序上实现从计划制订到公示认定十步走，提升工作规范化程度。

在实质性工作方面，专利示范工作着力推动企事业单位实现知识产权工作的"五落实"：

1）知识产权战略落实，即企事业单位要结合实际情况科学制定并实施知识产权战略，并将其与企事业单位的长期战略相结合。

2）知识产权制度落实，即要建立完善的知识产权管理制度，建立健全知识产权工作绩效评价与奖惩机制，实现知识产权规范化管理。

3）知识产权机构落实，即要建立二级及以上的独立知识产权管理部门，设置合理的工作权限。

4）知识产权人员落实，即要配备三名以上的知识产权管理专职人员。

5）知识产权经费落实，即要拥有独立、合理的知识产权工作预算。

此外，企事业单位还要在研发投入、专利申请与授权数量、知识产权培训和企业经济效益等方面满足相应要求。

同时，政府通过制定政策、设置专项、搭建平台、对接资源、加强培训等多种方式，将财政、行政与社会服务等资源整合并运用到专利示范工作中，培育、打造专利优势企事业单位。

截至目前，北京市共认定专利示范单位160家。2012年，160家专利示范单位共申请专利1.7万件，占全市企业专利申请量的30%以上。

专利试点、示范工作共同形成了北京市企事业单位知识产权工作的基础性体系，北京市专利试点、示范单位中的60家单位成为全国知识产权试点或示范创建单位，6家成为全国知识产权示范单位，为北京企事业单位知识产权综合能力的整体性提升作出了重要贡献。

四、战略性新兴产业知识产权联盟

知识产权联盟又称专利联盟，指相关企业基于共同战略意义，以一组密切相连的专利技术为纽带而达成的联盟。北京市知识产权局自2007年探索在战略性新兴产业开展知识产权联盟工作，共历经三个阶段：

1）综合性联盟阶段。2007年成立北京市重点产业知识产权联盟，由来自北京市战略性新兴产业的数十家企事业单位共同组成，主要支持企业通过公知公用专利技术检索与分析工作，开展消化、引进、吸收与再创新。

2）行业性联盟阶段。在综合性联盟基础上，以行业性共同需求为出发点，2008年引导建立能源环保、电子信息、生物医药和综合类四个行业性知识产权分支联盟，重点开展行业共性问题研究活动。

3）细分化联盟阶段。根据行业各领域特征和需求，2009年以来，对行业性联盟进一步细分，引导建立细分产业知识产权联盟，主要支持联盟成员间开展以专利为纽带的协同创新和知识产权经营合作，提高创新和知识产权运用能力，建立行业标准，降低共同专利风险。

在知识产权联盟构建与运行机制上，北京知识产权联盟以"联合创新、协同保护、对接运用、合力对外"为工作导向，逐步形成鲜明的北京特色：

1）以共同利益为纽带，联盟成员单位在产业上具有共同利益诉求，联盟以知识产权协同保护与运作为主线，从制度设计上鼓励合作避免同质化竞争。

2）以产学研合作为牵引，联盟吸纳高校、科研机构作为重要成员，搭建以需求为导向的协同研发合作平台，构建知识产权利益共享机制，实现产学研用有机结合。

3）以专业服务为支撑，通过引入知识产权专业服务机构为联盟知识产权基础工作和运行提供引导和支撑。

目前，知识产权联盟已在合作研发、专利许可、策略并购、战略运营、标准制定和前沿研究等方面取得进展，为知识产权联盟的进一步演化和北京市战略性新兴产业的发展奠定了坚实基础，提供了有力支撑。

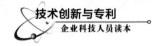

五、企业专利信息利用帮扶

企业专利信息利用帮扶是提高北京市创新型中小企业专利信息利用水平，发挥专利信息对于中小企业和区域经济创新发展的支撑作用，促进经济结构调整与转型的重要专项工作。由北京市知识产权局联合国家知识产权局专利局专利文献部共同开展。

企业专利信息利用帮扶采取座谈研讨、现场指导、专题讲座、经验交流等多种形式，一方面针对中小企业开展广谱性专利信息利用培训，培育专利信息运用战略意识，培养专业人才；另一方面在培训基础上根据企业专利信息运用需求的迫切性、重要性、显著性、示范性等因素选择若干典型企业，开展定向帮扶。

定向帮扶工作通过组织相关领域帮扶专家团队并制订定制化帮扶方案，为企业传授专利信息检索策略、检索技能及分析方法，对于建立专利信息利用管理机制提出意见、建议，并为企业在产业态势分析、知识产权战略制订、侵权分析、专利预警及竞争对手监测等方面提供定向辅导。

首次企业专利信息利用帮扶活动于2012年第六届中国专利周期间在北京市丰台科技园首次举办，培训专利信息工作人员60余名，并在3家企业开展定向帮扶活动。

企业专利信息利用帮扶工作实现了国家知识产权局专业人才与北京市创新型中小企业的资源互补，搭建了沟通交流平台，对帮助中小企业提升专利信息的综合运用能力和水平，进而推动北京经济社会科学发展具有示范带动作用。

六、中关村国家知识产权制度示范园区知识产权专项

中关村国家知识产权制度示范园区是目前全国唯一一家经国务院批准建立的国家级知识产权制度示范园区，成立于2003年。为充分发挥园区知识产权制度示范效用，促进园区知识产权工作发展，2005年，设立"中关村国家知识产权制度示范园区知识产权专项资金"，以专利战略、专利创业和知识产权质押贷款贴息三种方式为重点企业提供支持，在全国开创知识产权制度创新与示范先河。

专利战略专项主要支持园区企业开展专利战略研究及相关工作，包括建设和完善专题专利数据库，开展专利竞争情报研究，建立专利预警机制，健全和

完善企业专利管理体系，提高企业知识产权综合运用能力。

专利创业专项主要支持园区专利工作的产学研结合，资助示范园区中小企业专利技术产业化项目和符合国家技术产业政策、技术成熟、市场前景良好和具有重大经济或社会效益的专利创业项目，推进园区企业专利技术转化实施及商用化。

知识产权质押贷款贴息专项用于补贴示范园区企业以知识产权质押方式向银行贷款所需的贷款利息，同时鼓励金融机构面向示范园区中小企业开展知识产权质押贷款业务，推进园区中小企业专利产品的改进、创新、规模化生产及市场推广。

截至目前，中关村国家知识产权制度示范园区知识产权专项已累计投入2300余万元，支持200余家企业开展专利创业和专利战略研究与布局等工作，帮助近50家企业获得知识产权质押贷款超过5亿元，在推动中关村企业实施知识产权战略，提升知识产权运用能力、支持专利权人积极创业、引导知识产权质押融资业务发展等方面发挥了重要作用。一批企业在专项资金引导和激励下逐步走上依靠创新与知识产权加快发展的道路，专项资金政策在中关村已形成较高的知名度与影响力。

七、专利商用化

专利商用化是通过实施、转让、许可、质押、证券化等方式实现专利技术市场价值的活动和过程，对于北京率先形成创新驱动发展模式，提高知识产权对区域经济发展贡献率具有重要意义。

近年来，北京市知识产权局不断创新工作举措，提升企事业单位知识产权运用能力，加快专利商用化工作进程。

在政策方面，出台了《北京市专利商用化促进办法》，对于通过专利转让、专利许可方式实现专利商用化的项目，其交易额超出500万元的部分给予最高不超过100万元的资助，以激励和支持专利技术商用化。政策实施以来，累计投入1400余万元，支持专利商用化项目近30个。

同时，研究制订推进北京市专利商用化工作方案，从加强政策引导、建立

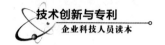

信息体系、布局工作节点、聚集服务资源、完善信用体系、对接资本市场、培养服务人才、优化发展环境等方面逐步实施。

面向高校、科研院所设计构建新型专利技术转移办公室，引入专业专利经营机构，结合科研资源优势，从市场研究、专利战略与布局、技术产品研发、专利质量把控、专利储备与组合、专利共享与经营等方面开展工作，探索实践"以需定研"产学研联合创新与专利对接利用新模式。

八、企业知识产权教育基地

由北京市知识产权局推动的企业知识产权教育基地建设与运行工作，是以在京中央企业及其全系统为主要对象，通过加大知识产权普及教育和专业培训力度，促进中央企业知识产权意识和综合能力整体提升的专项工作，是北京市"在京央企知识产权领先工程"的重要内容之一，于2011年启动。

企业知识产权教育基地旨在打造政府指导、企业主导、专业力量介入、根据实际需求设定培训内容和教育形式的企业知识产权综合培训体系和普及教育平台。通过知识产权专题辅导、规则解读、案例解析、专家会诊、实战模拟、经验交流、知识讲坛等多种形式的"标靶式"实体教育活动，探索课堂教学与企业现身说法相结合、专家讲解与企业自我教育相结合的全新培训模式。同时，发挥中央企业知识产权教育基地中心辐射、多层延伸、广泛带动、专业引领的独特教育引导作用，规模化推动在京央企及其全系统知识产权意识和知识产权创造、运用、保护和管理能力提升。

截至目前，已有6家在京中央企业建立企业知识产权教育基地，各教育基地年均培训2000人次以上。2012年，率先在两家企业知识产权教育基地引入专利审查资源和知识产权远程教育资源，实现全流程互动交流和远距离全自主同步教育，充实了企业知识产权教育基地培训教育内容、丰富了培训教育形式，拓展了运行空间。

九、专利审查员实践基地建设与审查员实践活动

北京（中关村）国家知识产权局专利局审查员实践基地是锻炼审查员队伍、服务创新型企业的重要平台，于2010年经国家知识产权局批复同意建立。

专利审查员实践活动依托实践基地，由北京市知识产权局组织开展，北京市知识产权局所属中关村知识产权促进局具体实施。审查员通过学习本领域技术知识，了解本领域技术应用与前沿技术发展，提高审查能力，同时，为实践基地内企事业单位提供专利业务咨询、指导与帮扶等服务，促进实践基地内企事业单位专利创造、运用、保护与管理综合能力提升。

专利审查员实践活动采取规范化流程运作，主要工作一般于每年4月启动，历经需求调查、集中申报、审查员报名、整体计划制订、活动计划制订与实施、工作总结等步骤，贯穿全年。

目前，北京（中关村）国家知识产权局专利局审查员实践基地每年接待参加全国审查员实践活动审查员的1/3以上。截至目前，已有来自国家知识产权局的约150名审查员赴北京近60家企事业单位开展实践活动。

审查员实践活动广泛覆盖电子信息、先进制造、生物医药、新材料、新能源和环保等战略性新兴产业领域和北京专利示范单位等知识产权优势企业群体。2013年，专利审查员实践活动首次集中进入在京中央企业，为服务中央单位知识产权工作提供有力支撑。

经过三年发展，北京（中关村）国家知识产权局专利局审查员实践基地已成为全国规模最大、规格最高、实践技术领域最全、影响力最强的审查员实践基地。

十、《企业知识产权管理规范》推行

2013年3月1日，《企业知识产权管理规范》（GB/T29490—2013）国家标准正式实施，这是我国首个知识产权管理领域国家标准。除引言外，规范主体内容共九章，分别为范围、规范性引用文件、术语和定义、知识产权管理体系、管理职责、资源管理、基础管理、实施和运行、审查和改进，意在指导企业构建基于策划、实施、检查、改进过程方法的知识产权管理体系。2012年6月，北京在全国首批启动企业知识产权管理标准推行试点工作。

试点工作以专利工作基础较好的北京市专利试点、示范单位为基础。

在工作机制上，北京市知识产权局联合北京市质监局、北京市经信委、北

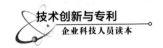

京市国资委和中关村管委会等部门组建全市企业知识产权管理规范试点工作领导小组，制订了《北京市企业知识产权管理规范试点工作实施方案》，形成较为完善的规范推广、培训、咨询和认定工作体系。

在工作模式上，创新性引入知识产权专业服务机构作为咨询辅导工作机构，为试点单位提供企业知识产权管理规范推行与实施咨询指导。

在工作手段上，首次建立管理规范推行专项工作的专门化在线工作平台，实现申报、自测、咨询、评估、评审等工作的全流程在线化。

同时，多次举办培训会，为试点单位提供企业知识产权管理规范、企业贯标评审认定、企业知识产权管理规范文件编写及ISO9000质量管理体系等课程讲解。

《企业知识产权管理规范》的推行实施为企业进一步细化知识产权管理制度、工作流程与实施操作，建立较为完善的知识产权管理体系，从而提升知识产权综合能力提供了有力保障。截至目前，北京市已有首批60余家企业通过《企业知识产权管理规范》评审认定。

十一、展会知识产权保护

2008年3月，北京市率先出台全国首个展会知识产权保护政府规章——《北京市展会知识产权保护办法》（以下简称《办法》），加强对北京行政区域内展览会、展销会、博览会、交易会、展示会等活动中有关专利权、商标权、版权等知识产权的保护。

《办法》强化了会议主办方的审查和监督义务，规定会议主办方应与参展方订立参展合同，约定知识产权保护的权利、义务和相关内容。主办方还应设立展会知识产权投诉机构，接受知识产权侵权投诉，及时指派工作人员应知识产权权利人或者利害关系人的要求协调解决侵权纠纷，或协助知识产权行政管理部门对于涉嫌侵权事件进行调查处理。

2010年9月，北京市知识产权局在全市展会知识产权保护工作会议上发布了进驻展会的统一标志和布设，方便展会参加者咨询投诉，进一步打造北京展会知识产权保护的工作品牌。同时，开展展会知识产权工作培训，向展会主办方介绍展会知识产权制度及常见展会知识产权纠纷和应对策略，促进主办方建立展会知识产权保护机制，进一步提高了展会主办方的知识产权保护意识。

2012年，北京市知识产权局以中国（北京）国际服务贸易交易会为重点，大力推进展会知识产权执法。全年共进驻规模以上展会28个，巡查专利展品500余件，处理展会侵权投诉35件，现场纠正不规范标注行为12个，有效维护了展会的运行秩序，展示了首都窗口行业知识产权保护的良好形象。

十二、专利行政执法

专利行政执法权是我国专利法赋予相关专利行政管理机关的法定职权，相关办法由我国专利法及其实施细则、国家知识产权局专利行政执法办法等文件具体规定。

专利行政执法活动包括处理专利侵权纠纷、调解专利纠纷以及查处假冒专利行为等活动，旨在保护专利权人和社会公众的合法权益，维护社会主义市场经济秩序。

多年来，北京市知识产权局不断加大专利行政执法保护力度，优化创新发展环境。如落实国务院关于开展打击侵犯知识产权和制售假冒伪劣商品专项行动的工作部署，制订实施北京市知识产权系统专项行动方案，集中执法期间，对海淀等区县的电子卖场、家具市场、药店等场所开展专利执法重点检查；积极推进"雷雨"、"天网"等知识产权执法专项行动。

制订专利护航专项行动计划，组织区县执法队伍，及时发现违法问题，重点打击群体侵权和反复侵权问题，积极查处假冒专利案件。同时，牵头建立九省市专利执法协作平台，大幅提高跨区域专利执法效率。

"十一五"期间，北京市知识产权局办理各类专利行政执法案件180余件次。2012年，北京市知识产权局受理专利执法案件70余，结案近60件。指导调解组织以司法委托调解等方式，处理信息网络传播权等纠纷30余件。在各方共同努力下，首都专利保护环境不断优化，专利市场得到有效净化。

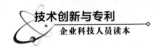
练习题

1. 哪些专利费用可以请求减缓？

2. 北京市专利申请资助的范围是什么？

3. 北京市专利商用化资助的条件是什么？

4. 实施知识产权（专利）托管工程的主要目的是什么？

5. 北京市企事业单位专利试点、示范工作对企业有哪些帮助？

6. 为什么要开展知识产权（专利）联盟构建工作？

7. 企业知识产权教育基地的培训形式主要有哪些？

8. 推行《企业知识产权管理规范》有什么好处？

9. 企业如何通过《北京市展会知识产权保护办法》保护自身合法权益？

参考文献

[1] 赵敏，史晓凌，段海波. TRIZ入门与实践[M]. 北京：科学出版社，2009.

[2] 根里奇·阿奇舒勒. 40条创新原理：实现技术创新的TRIZ诀窍[M]. 林岳，李海军，段海波，译. 哈尔滨：黑龙江科学技术出版社，2008.

[3] Salamatov. 怎样成为发明家：50小时学创造[M]. 王子羲，郭跃红，高婷，等，译. 北京：北京理工大学出版社，2006.

[4] 林岳，段海波，黄风雷，等. 计算机辅助创新设计技术在航空企业技术创新工程中的实施模式研究[J]. 科技进步与对策，2005，22（2）:92-94.

[5] 林岳，段海波. 基于TRIZ和领域本体的计算机辅助创新设计平台框架[J]. 机械设计与研究2005，21（2）.

[6] Келле В Ж. Инновационная система России: Формирование ифункционирование[M]. М.:УРСС, 2003.

[7] SeHo Cheong, VasilyA Lenyashin, Alexander T, [M].Kynin, at al. TRIZ and innovation culture at Samsung Electro-Mechanics Company[J]. The Fourth TRIZ Symposium in Japan, 2008 Paper.

[8] 袁立科，杨起全. 我国企业技术创新主体地位的结构性分析[EB/OL]中国科技网-科技日报www.wokeji.com [2013-09-16] http://www.wokeji.com/pl/kjzl/201309/t20130916_300636.shtml.

[9] 作者不详.TRIZ在国外企业的应用案例[EB/OL]. 天津创新方法网[2008-01-07] http://www.tjcxff.com/articleread.asp?u=113w303w3619t0

[10] 张士运，林岳.创新理论研究与应用[M]. 北京：华龄出版社，2010.

[11] 史晓凌，许东双，范岩峰.TIRZ简明教程[M]. 北京：北京亿维讯会计有限公司，2010.

[12] 陈乐. 体温发电走向商业化[EB/OL]中国科学报 [2012-3-1]http://cache.baiducontent.com/c?m=9d78d513d9d430de4f9a93697c61c0171943811

32ba7d5020cd4843894732c44506793ac57250775d5d27d1716de384b9a8121
73471451b18cb9835dacba855e2a9f2644676c8d5664a20eaebb5155c137e15c
fede1af0cb8426d4ee8cdc851215884404099dedd70d4555dd6f875560b8f1c51
9420347fcfa3012ae056a68cf7906e919a5b7772f1a81f4de5c51c237d0661695
ad30a73e65f449e2400c2530fb1aa609272637e74d25fa&p=90648415d9c347a
e00aec7710f0794&newp=857cc910c5904ead0dbd9b7e0b1781231610db2151
d6d140&user=baidu&fm=sc&query=%CC%E5%CE%C2%B7%A2%B5%E7
%B5%C4%CC%BC%C4%C9%C3%D7%B9%DC%B2%C4%C1%CF&qid=&
p1=1.

[13] 徐铮奎编译. 新一代可吸收医用缝合线[ＥＢ／ＯＬ]医药经济报
[2007.09.21] http://www.100md.com/html/200709/2150/9088.htm